「エル・カンピドイオ」
吉川敏明のおいしい理由。

イタリアンのきほん、完全レシピ

世界文化社

まえがき

最近はお米を食べなくても、パスタは食べるという方がいるほどです。

パスタ好き、イタリア料理好きが増えているのはとてもうれしいですね。

お店で食べるだけでなく、ご家庭で作っている方も多いと思いますが、

ひょっとして、料理が決まりきったものになっていませんか？

パスタだったらミートソースやカルボナーラ、アラビアータ、

またアーリオ・オーリオくらい？

イタリア料理はそんなものではありません。

パスタ料理も、肉料理、魚料理、野菜料理、そしてお菓子にも、

おいしくて簡単に作れるものが限りなくあります。

私が若い頃は日本で皆無に等しかったイタリアの食材も、

いまではふつうのスーパーで買えるようになり、

ハードルの高さはほとんどなくなりました。

そこで、本書ではイタリア料理のレパートリーを増やしてもらうべく、

王道、スタンダードといえるものをご紹介しました。

とくに大切にしたのは、

「こうすれば格段においしくなる」という調理と味つけのコツ。

にんにくは入れすぎない、チーズや風味づけのオリーブ油はたっぷり使う、

パスタのゆで汁を多用する、野菜の水分はしっかり抜くなどなど……、

おそらく、これまで作っていた方法や分量との違いに驚くでしょう。

でも、食べてみれば、そのおいしさの違いに納得できるはずです。

イタリアは近年、食の変化が進んでいます。

塩味が控えめになり、調理法のアレンジが増え、

加工食材の質もよりよくなっています。

そんな時代の変化も取り入れたわかりやすい解説にしたつもりです。

イタリア料理大好き！の仲間がいっそう増えることを願っています。

「エル・カンピドイオ」
吉川敏明

目次

まえがき ……………………………… 2
この本で使う、基本のイタリア食材 …… 6

PART 1
マスターしたい
定番パスタ

PART 2
おうちでもプロの味を！
ピッツァ・ニョッキ・リゾット・スープ

吉川シェフの **基本レッスン** まず、パスタ作りの基本をマスターしましょう。 ……… 8

スパゲッティ・トマトソース ……………… 12
スパゲッティ・アマトリチャーナ ………… 16
スパゲッティ・アーリオ・オーリオ ……… 20

▶ スパゲッティ・アーリオ・オーリオのアレンジ
　ドライトマトのスパゲッティ …………… 23

スパゲッティ・ヴォンゴレ・ビアンコ …… 24
スパゲッティ・カルボナーラ ……………… 28

▶ スパゲッティ・カルボナーラのアレンジ
　スパゲッティの法王風 ………………… 31

スパゲッティのボローニャ風ミートソース … 32
リングイーネのジェノヴェーゼ …………… 36
ペンネ・アラビアータ ……………………… 38
ゴルゴンゾーラのペンネ …………………… 42
きのこのフジッリ …………………………… 44
アスパラガスのファルファッレ …………… 48

ご紹介した料理の"出身地"マップ ……… 52

ピッツァ・ビアンカ ………………………… 54

▶ ピッツァ・ビアンカの生地でアレンジ
　ローマ風ピッツァ ……………………… 58
　パニーノ ………………………………… 59
　包みピッツァ …………………………… 59

じゃがいものニョッキ、セージバターソース … 60

▶ イタリアでは、トマト味のニョッキも定番！
　じゃがいものニョッキ、トマトソース … 63

パルミジャーノのリゾット ………………… 64

▶ パルミジャーノのリゾットの展開レシピ
　ミラノ風リゾット ……………………… 68
　ポルチーニのリゾット ………………… 69
　魚介のリゾット ………………………… 70
　野菜のリゾット ………………………… 71

ミネストローネ …………………………… 72
白いんげん豆のクリームスープ ………… 76

PART 3
ワインと楽しむ
アンティパスト・セコンドピアット

ブルスケッタ	80

▶ ブルスケッタのバリエーション

トマトのブルスケッタ	82
カプレーゼ風ブルスケッタ	83
いんげん豆のブルスケッタ	83
魚介のブルスケッタ	83
きのこのブルスケッタ	83
野菜のグリル	84
バーニャ・カウダ	86

▶ バーニャ・カウダを冷製で食べるなら

バーニャ・フレイダ	89
タリアータ	90
鶏肉のソテー、ローマ風	92
スカロッピーナ、レモンバターソース	94

▶ スカロッピーナのアレンジレシピ

スカロッピーナ、バルサミコ酢ソース	97
ミラノ風カツレツ	98
かじきのカツレツ	102

▶ ころものバリエーションを楽しむ
　サクサクの揚げもの

野菜と魚介のフリット	104
ボッリート・ミスト	106

▶ ボッリート・ミストの基本ソース3種

サルサ・ヴェルデ／サルサ・ロッサ／ハニー・マスタードソース	109
なすのカポナータ	110

PART 4
食後にもお茶の時間にも
ドルチェ

ティラミス	114
レモンのグラニータ／コーヒーのグラニータ	118
パンナコッタ	122
ビスコッティ	124
イタリアのコーヒーばなし	127

【この本の決まりごと】

■ 計量について
小さじ1＝5ml、大さじ1＝15ml、1カップ＝200mlです。

■ 材料について
◉ とくにただし書きがなければ塩はさらさらの自然塩、卵は1個60gのM玉を使っています。

◉ ブイヨンは市販のものを分量の湯に溶かして使います。ただし塩分が含まれていることが多いので、調味料の塩の量を加減してください。

◉ オリーブ油は冷蔵庫へ入れると固まりますが、常温におけばもどります。すぐに使わない分は冷蔵保存がおすすめ。

【ゆでるときの鍋】

パスタのゆで鍋は、ロングパスタとショートパスタで使い分けをします。ロングパスタは「口径の狭い深鍋」。深いほうが早くパスタ全体が湯に浸かりますし、底に沈んでからは湯量が多い分、効率よく早くゆでることができます。一方、ショートパスタは「広口の浅鍋」で。底面積が広ければパスタが重ならず、均等に火が入り、浅い分だけ湯量も少なくてすみます。ゆでる際、ロングパスタをほぐしたり取り出したりするにはトングが便利ですが、ショートパスタは端を欠きやすいので、木べらかゴムべらでやさしく扱いましょう。

この本で使う、基本のイタリア食材

イタリア料理には、ぜひそろえておきたい基本の食材がいくつかあります。
多くの料理に使う食材です。レシピには載っていない基本の扱い方もお教えしますので、
まずはこのページを読んでから、調理にとりかかってください！

赤唐辛子 peperoncino（ペペロンチーノ）

本書の材料表では、赤唐辛子のなかでも鷹の爪（写真）の標準サイズの分量を掲載しています。非常に長いもの、短いもの、また異なる種類の赤唐辛子を使うときは、辛みに応じて分量を加減してください。ヘタをちぎって辛みの強い種子を取り除き、さやだけを使います。

オリーブ油 olio di oliva（オーリオ ディ オリーヴァ）

オリーブ油は使い分けをしましょう。高価なエクストラ・ヴァージン・オリーブ油は、風味を生かすために基本は火にかけず、仕上げ中心に使います。加熱調理には、本書ではピュア・オリーブ油としましたが、普及品のエクストラ・ヴァージンでもよいですし、私は仕上げ用のエクストラ・ヴァージンを同量のサラダ油で割っています。オリーブ油はディスペンサーに入れて使うと便利。量を調整しやすく、全体にまんべんなくかけられます。ある程度使う量だけを入れ、残りは瓶のまま冷蔵庫で保管すれば品質も保てます。

にんにく aglio（アッリオ）

にんにくは、ものによって大きさが違います（写真上）。本書ではほとんどをg（グラム）で表記しましたが、1片の平均的な重量は8〜10g。1gの差でも風味が大きく変わるので使いすぎに注意。レシピ中、4gや5gとあれば、½片が目安です。薄切りは、あまり薄いと焦げやすいので、厚さ2mmを目安に。いずれも縦に2等分して、中心に新芽ができていれば除きます（左写真）。胃への刺激が大きいですから。新芽のないものは、収穫後さほど時間がたっていない新鮮な証拠。

チーズ formaggio（フォルマッジョ）

調味料として使うチーズは、パルミジャーノ・レッジャーノ（牛乳製。上写真）とペコリーノ（羊乳製）の2つ。それぞれ味に特徴があり、厳密には料理ごとに使い分けがありますが、日本のご家庭ではペコリーノは手に入りにくいので、パルミジャーノ・レッジャーノで代用しても。粉末になった製品より、ブロックを買って自分ですりおろしたほうが風味を生かせます。

こしょう pepe（ペーペ）

日本では白こしょうを基本調味料とする人が多いですが、本書で使うのはすべて黒こしょう。辛みがストレートでインパクトがあること、昔は黒のほうが安価であったことから、イタリアでは黒こしょうが基本だからです。白こしょうは白身魚や鶏の胸肉、ささみなど、淡泊な食材のときに限って使います。

パセリ prezzemolo（プレッツェーモロ）

写真右が平葉のイタリアンパセリ、左が縮れ葉のパセリ。イタリアでは日常的にイタリアンパセリを使い、縮れパセリはおしゃれな食材になっているよう。日本では縮れパセリの香りが強く価格も安いので、こちらで充分。切る前に水洗いし、布巾で包んで「振って」水きりします。ギュッと握らないように。刻むときは最初から細かく刻み、1回で刻み終えます。いずれも香りが抜けないようにするためのコツ。多少の不ぞろいも、香りの強弱が出てよいくらいです。

PART 1

マスターしたい
定番パスタ

日本人にとって、イタリアンといえばまずパスタですね。

何気なく作っているパスタ料理でも、

吉川シェフにコツを教われば、さらにおいしさアップ！

ロングパスタ、ショートパスタともに

手に入りやすいものだけを使って、

くり返し作りたいパスタ料理をご紹介します。

吉川シェフの基本レッスン

まず、パスタ作りの基本をマスターしましょう。

【パスタの選び方】

　数あるパスタの中から、本書ではご家庭で手に入りやすいパスタに絞って使いました。

　ロングパスタは、**スパゲッティとリングイーネの2つ**。イタリアでは、このソースにはこのパスタ、といった具合に組み合わせがおおよそ決まっていますが、ご家庭で気軽に楽しむなら、この2種類でカバーできます。

　日本では直径1.6mm前後の細麺が人気ですね。これは正しくは「スパゲッティーニ」といって、スパゲッティとは違う種類。正真正銘のスパゲッティは、直径1.8mm〜2mm。ここでは市販品で多く出回る、**1.9mmを使います**。

　しかも、太いほうがおいしく作れます。まず、スパゲッティは丸みを帯びているのでソースの"のり"があまりよくないのですが、**太いとよりソースがからみやすいので**す。また**太いとしっかり噛むので、口の中でパスタの旨みが広がりやすい**のです。細い麺にはそのよさもありますが、伝統的なパスタソースは太めのスパゲッティが合うことは確か！　パスタの本場ナポリはもちろん、イタリアの家庭ではスパゲッティーニよりスパゲッティが一般的。ぜひ太麺のおいしさを味わってください。

　ショートパスタもペンネ（羽根ペン形）、フジッリ（らせん形）、ファルファッレ（蝶形）の3つを使います。チーズソース、クリームソースのような液状のソースでもからみやすく、使いやすいパスタです。

【おいしく作るための段取り】

　パスタ料理には「パスタをゆでる」と「ソースを作る」の2つの作業があります。同時に仕上げて合わせるのが理想ですが、ピタリと一致させるのはなかなかむずかしい。ソースなら、でき上がってからパスタがゆで上がるまで、火を止めて待つことができますが、逆は無理。ゆで上がったパスタはソースが完成するまでおいておけません。

　そこで、**「ソースを先に準備する」**。これを基本にしますが、ゆで汁をソースに使うことが多く、ゆで汁を沸かすのに時間がかかるので、**ソースを作り始める前に、まず湯を沸かし始めてください**。ソース作りが終盤に近づき、作業に余裕ができたらパスタをゆで始めます。

　例外は、ソースが10分以内にできる簡単な料理。たとえば「スパゲッティ・アーリオ・オーリオ」『ゴルゴンゾーラのペンネ」などは、パスタをゆで始めてからソースを作っても充分間に合います。

　いずれの場合も、パスタのゆで上がりが近づいたら、冷めて少し煮詰まったソースをゆで汁でのばし、温め直してパスタと和えます。

基本の段取り

パスタ用の湯を沸かし始める。
↓
ソースを作り始める。
↓
ソースができたら火を止める。
↓
パスタをゆで始める。
↓
ゆで上がりが近くなったらソースを温めなおす。
↓
ゆで上がったらソースをからませる。

【パスタのおいしいゆで方】

大切なのは、火加減とゆで加減。軽く沸き立つ状態で、ロングパスタは袋の表示時間どおりにゆでてください。「表示の2分前にゆで上げるのがよい」と解説されることが多いのですが、ご家庭ではその必要はなし。むしろプラス1～2分かけてもいいくらい。これで充分アルデンテを保てます。**パスタは、ラーメンのようにすぐにのびません**。安心してください。一方、ショートパスタは表示時間プラス2分を基準に。ロングパスタよりも2倍以上の厚みがあり、噛んだときのボリューム感があるので、心持ち柔らかめにゆでるほうがおいしく感じられます。表示時間どおりにゆでて、ソースと一緒に少し煮込む方法でもかまいません。ソースとのなじみもよくなります。

なお「アルデンテ」とは、細い白い芯が目に見える状態で、ゆで上げたときにアルデンテであることが必要です。食べる頃には余熱で火が入り、芯はなくなりますが、まるで**芯があるような"弾力"の感じられるものが理想の硬さ**です。

2人分のロングパスタをゆでるには、水2ℓと塩16gを用意。塩分濃度は0.8％。

> 一般に塩分濃度は1％といわれますが、最近はイタリアでも減塩傾向で0.8％くらいが標準。これはお吸いものの食塩濃度と同じで、飲んでちょうどよい塩味です。

塩は水が沸騰してから入れる。すぐに溶ける。

> 塩分の強いドライトマトを使うパスタ料理では、塩分濃度はやや抑えて0.7％に。

ロングパスタは、束をつかんで、まず鍋の中心に立てる。

パッと離せば、パスタが平均的に散らばる。

> イタリアでは「パスタをゆでるのは女性や子どもを扱うのと同じ」と言います。ある程度かまわないとダメ、でもかまいすぎてもいけないという意味ですよ。

湯から出ているパスタをトングや菜箸で沈め、再沸騰したら、パスタ同士がくっつかないようほぐす。

> 弱火～弱めの中火でゆでます。小さい泡がポコポコと上がり、パスタがゆっくり水中で動く火加減。激しく泡が浮く強火では、パスタ同士がこすれて表面が溶けてきます。

ロングパスタは、袋の表示時間どおりに静かにゆでる。火加減は弱火～弱めの中火。いじりすぎないこと。

> 何度も混ぜると湯温が下がってゆで上がりに時間がかかります。とくにショートはこすれて欠けたりするので放っておきます。

ロングパスタは、湯から上げて3秒おいてから、1本の中心を指の腹で押さえて柔らかさを確認。

> 簡単にブツッと切れたら、ゆで上がっていない証拠。硬いほうが切れやすいんです。ゆだって弾力が出てくると切れにくくなります。

ショートパスタはへらにのせ、真ん中を触って確認。ショートはロングよりも柔らかめに。

> ロングもショートも、ゆで上がりの確認は湯から上げてすぐではなく、3秒おいて表面の水分をとばしてから。これで本当の硬さがわかります。

吉川シェフの
基本
レッスン

【湯きりのコツ】

ゆで上がったパスタはざるにあけたりせず、**ロングパスタならトングでつかみ、ショートパスタなら穴じゃくしか小ぶりのストレーナーですくい**、直接ソースに入れます。

そのコツは、パスタをゆっくり引き上げたら、軽く2〜3回ふって湯をきり、パスタからポツンポツンとたれるゆで汁とともにソースへ入れる、これくらいがちょうどよい湯きり加減です。一度の作業ですみ、パスタからしたたり落ちるゆで汁も一緒にソースに入れられますから。ゆで汁が少量入ることでソースがうまくからみ、なめらかに仕上がります。

【ソース作りはフライパンで】

ソースを作るのは、鍋ではなくフライパンが便利です。口径が広く、焦げにくいので作りやすいですし、パスタと混ぜるのもとてもラク。深さがあって、側面が上に開いている形のものが、混ざりやすくベストです。2人分なら直径24〜26cmが手頃。

ショートパスタは、混ぜるときにフライパンから飛び出しやすいですね。そんなかたは、パスタのゆで鍋を利用すると便利です。ゆで上がったらパスタとゆで汁をいったんボウルなどに移し、空になったゆで鍋にソースとパスタを入れて混ぜるのです。パスタが飛び出さず、鍋が温かいので保温にもなります。分量を多く作る場合は、このほうが便利です。

【ゆで汁はおいしいブイヨン】

イタリアでは、パスタのゆで汁を「ブオン・ブロード＝おいしいブイヨン」と呼んでパスタソースに活用します。塩味と、パスタから溶け出た小麦の旨みがあるからです。

たとえば、パスタソースが煮詰まったときにのばしたり、味を凝縮させるときにゆで汁でいったん薄めてから煮詰めたり。これは水分調整だけでなく、ブイヨン的な旨みや塩味を利用しているのです。塩味は、塩をふってつけるより、ゆで汁の塩分を利用したほうがマイルド。私はソースの塩を控えめにし、ゆで汁を加えて煮詰めて、塩味をととのえています。

パスタをソースに加えたあとも、ゆで汁でのばすことがあります。パスタやチーズがソースの水分を吸うので、ゆで汁で水気を補わないと、パサついた仕上がりになりますよ。

【急がなくていい、しっかり混ぜる】

　パスタとソースを混ぜるとき、心してほしいのは「あわてない」「急がない」。日本人には、1秒でも遅れると「パスタがのびてしまう！」という思い込みがあるようです。パスタはラーメンのように簡単にはのびません。普通に混ぜればいいんです。大急ぎで混ぜることより、ゆっくり、しっかり混ぜることのほうが大事。よく混ぜて、ふたつをなじませると味がぐんとよくなります。

　プロの料理人はフライパンをあおって混ぜますが、慣れていないとパスタが飛び出しますから、初心者はトングでぐるりぐるりと混ぜましょう。

【仕上げのチーズは火を止めてから】

　調理の最後にチーズやオリーブ油を混ぜることの多いのが、パスタ料理です。どちらの場合も、必ず火を止めてから混ぜてください。風味を生かすためです。また、一度に全量を入れず、チーズなら2回に、オリーブ油なら数回に分けて、そのつど混ぜるのが均等にからめるコツ。チーズはとくにソースの水分を吸収しやすいので、一度に入れると一か所で固まってしまうことになりかねません。

【パスタを盛る皿は温めて！】

　パスタ料理は、必ず温めた皿に盛ってください。冷たいままの皿にのせるとパスタの表面が冷えてしまうだけでなく、硬くなって食味が落ちます。パスタがゆで上がる2分ほど前に、皿にゆで汁を少量張って温めるか、パスタをゆでている鍋に焼き網やざるなどをのせ、その上に皿を重ねておけば蒸気で温まります。

　ただし、手で持てないほどに熱くしないように。2分前から温めるぐらいで、適温になります。

"爽やかさ"が大事なトマトソース。
シンプルな材料で、さっと煮込むのがおいしい。

スパゲッティ・トマトソース

Spaghetti al pomodoro
(スパゲッティ アル ポモドーロ)

味の安定した缶詰のトマトがいちばん！

　トマトソースだけで和えたスパゲッティは、パスタ料理の"基本中の基本"です。シンプルななかにも旨み、酸味、甘みが整っていること、少ない材料で簡単にできることが広く愛される理由でしょう。完熟した味の濃い生トマトがあれば、それもよいのですが、一年中いつでも**安心して作れるのは缶詰のホールトマト**です。季節を問わず確実に熟れたものが使え、味が安定しているから初心者には絶対におすすめ。しかも、最近は味がよくて柔らかい品種が使われ、以前にはなかった濃厚なトマト汁が一緒に詰めてあるので、トマトソースが断然おいしく作れるようになりました。

少しの玉ねぎとトマトを5分煮るだけ。

　このようにホールトマト自体、甘みが増しているので、玉ねぎの使い方も昔とは変わっています。**今は2人分で小さじ1とごく少量、しかも軽く炒めるだけ**。以前はソースに甘みを加えるために、たくさんの玉ねぎをしっかり炒めていましたが、今はむしろすがすがしい香りを加えるのが目的です。ソースになったときに舌にさわらないよう、ごく細かく切って使いましょう。
　ソースを煮るのは5分程度。短いでしょう！　少しだけ水分をとばして濃度を調整する、それくらいの煮詰め方でも充分旨みが出ます。長く煮ればいい、というものではないんです。トマトの"爽やかさ"がこのソースの醍醐味。材料の種類を絞り、煮詰めすぎず、トマトの味を前面に出します。そして最後に、スパゲッティの旨みの溶け出たゆで汁で濃度を調整すれば、ソースは完成。
　玉ねぎを使ったこのトマトソースはいちばんの基本形ですが、つぶしたにんにくとオリーブ油で作るナポリ風も、陽光きらめく南イタリアの味わいでいいものですよ。

材料（2人分）

- スパゲッティ（直径1.9mm）…… 160g
- ゆで汁用の水 …… 2ℓ
- ゆで汁用の塩 …… 16g（水の0.8％）

◎トマトソース
- ホールトマト（缶詰）…… 250g
- 玉ねぎ（みじん切り）…… 小さじ1
- ローリエ …… ½枚
- 塩 …… ひとつまみ
- サラダ油 …… 大さじ⅔

準備

◎ソースを作る前に、スパゲッティのゆで汁用の水を沸かし始める。

基本のイタリア食材①
ホールトマト

最近の缶詰トマトは品種改良で果肉が柔らかくなっています。ピューレに近い濃度の濃縮トマト汁も一緒に缶に詰められているので、味が濃厚で濃度もアップ。ダイストマト缶はあっさり味になるので、<u>パスタソースにはホールトマト缶が向きます</u>。

□ スパゲッティ・トマトソースの作り方

1 玉ねぎを炒める。

玉ねぎとサラダ油をフライパンに入れ、弱めの中火にかける。油が熱くなったら弱火にし、混ぜながら香りを出す。

フライパンを熱しておかないように。玉ねぎが焦げやすくなります。フライパンに玉ねぎを入れてから火をつけます。

2 玉ねぎの炒め終わり。

玉ねぎが少し色づいてきたら、炒め終わり。

茶色になるまで炒めてはいけません。すがすがしい香りが出れば充分です。

3 ホールトマトを加える。

ホールトマトを全量入れる。

このソースには具が入らないので、ホールトマトをそのままフライパンに入れ、その中でつぶしていきます。

4 トマト汁を水で溶かして加える。

器などに残ったトマト汁を、少量の水（分量外）で溶かし、**3**に加える。

缶詰から直接入れる場合も、缶の中に汁が残ります。大事なソースの素ですから、水に溶かして全量を使いきります。

5 泡立て器でトマトをつぶす。

トマトのかたまりを泡立て器でつぶしながら混ぜる。

つぶし加減はお好みで。完全なピューレより、果肉が少し残るくらいが味の凝縮感や食感の変化が出ます。昔は野菜こし器に通しましたが、泡立て器で充分。

6 塩とローリエを加える。

塩をふり、ローリエを加える。

ローリエは爽やかな香りに加え、旨みも出ます。ほかに、バジルを使ってもいいでしょう。

7 ソースを5分ほど煮詰める。

ソースがプツプツと泡立つくらいのごく弱火で、5分ほど煮詰める。焦げつかないように、適宜混ぜる。

トマトをつぶして煮始めると、果肉から水分がしみ出てきます。水っぽくならないよう、煮詰めて味を濃縮させます。

8 煮詰め終わり。ソースの完成。

ドロッとして濃度が出てきたら、煮詰め終わり。ローリエを取り出し、火を止める。

スパゲッティがゆで上がるまでに温度が下がり、煮詰まったようにやや硬くなります。調整しやすいよう、目指す濃度の少し手前で、火を止めておきましょう。

9 スパゲッティをゆでる。

ゆで汁用の湯を沸騰させ、分量の塩を入れてスパゲッティをゆでる（→p.9）。

10 ソースを温める。
スパゲッティのゆで上がりが近くなったら、8にスパゲッティのゆで汁大さじ3～4を入れてのばし、中火で温める。

> ゆで汁を入れすぎたら煮詰めればよいだけ。足りないよりは多めに加えましょう。

11 ソースの濃度をととのえる。
温めながら、スパゲッティがからみやすい濃度にととのえる。

12 スパゲッティを入れる。
スパゲッティがゆで上がったら水気をきり、11に入れ、強火にする。

> スパゲッティはゆで汁を完全にきってしまわず、少量をまとわせたままソースに入れます。

13 混ぜてからませる。
トングでスパゲッティをつかみながら混ぜ、ソースをからませる。

> 料理人はフライパンをあおって混ぜますが、ご家庭ならパスタをぐるりぐるりと混ぜればからまります。あわてず、ゆっくり30秒ほど。時間をかけて大丈夫！

14 混ぜ終わり。
スパゲッティ全体にソースが行きわたれば混ぜ終わり。

> ソースがゆるいようなら、煮詰めながら混ぜましょう。

15 温めた器に盛る。
スパゲッティを温めた器に盛り、フライパンに残ったソースを上にかける。

Chef's voice

トマトソースに使う香草はバジル、と思っている方も多いでしょう。でも、これは南イタリアの夏バージョン。ナポリを中心とする南部のトマト産地では、旬の夏に1年分のトマトソースを仕込むので、その時季のハーブであるバジルを利用するのです。バジルはもともと南部の香草でもありました。バジルのない地域や季節に作るなら、ローリエを利用するのが一般的です。

トマトソースにパルミジャーノ・レッジャーノをかけて食べたいときは、あらかじめソースにバターを入れておきましょう。粉末のチーズはソースの水気を吸って固まりやすいので、バターで油膜を作って防止しておきます。トマトの酸味が和らぎ、マイルドでコクのある味になるのもメリット。バターの量は、2人分で10g。ソースの仕上げ、つまり作り方11の最後に入れてください。

トマトソースにパンチェッタとペコリーノが加わるだけで
週に3度食べても飽きない、クセになるおいしさ。

スパゲッティ・アマトリチャーナ

Spaghetti all'amatriciana
(スパゲッティ　アッラマトゥリチャーナ)

味つけはパンチェッタの脂と塩気だけ。

　イタリアでの修業時代以来、今に至るまで50年、**週3回は必ず食べている私のお気に入りパスタ料理**です。簡単にいうなら、パンチェッタを加えたトマトソースに、コクの強いペコリーノチーズをたっぷりからめたもの。「パスタ、ポモドーロ（＝トマト）、パンチェッタ、ペペロンチーノ（＝赤唐辛子）、ペコリーノチーズ」で作るので、イタリアでは材料の頭文字をとって「5Pの料理」ともいわれているんですよ。

　味の要は、なんといってもパンチェッタ。しっかり炒めて旨みのある脂と塩気をソースに引き出し、これを味の核にします。ほかに**油も塩も入れません**。ソースをゆるめるときも、塩の入ったパスタのゆで汁は使わず、湯を入れるのです。

パワフルなソースに合う、太く弾力のあるパスタ。

　最近のパンチェッタはタイプが多様化して、脂身より赤身の比率の高いものや、熟成期間が長くて硬いものが増えてきました。しかし、これらは生ハムやサラミのように薄く切って、前菜として食べるのに向いていて、炒めるのが前提の料理には使いにくいのが実情です。とくに熟成の進んだものは水分が少ないので、炒めて脂が溶けきる頃には、赤身が硬くなってしまいます。選べるのなら、脂身が多くて熟成の若い柔らかいものがよいですね。

　パンチェッタといいペコリーノといい、味はかなりパワフルなので、トマトの量を少し多めにしたほうが味のバランスがとれます。今回の配合もそうしています。また、この料理が生まれたローマでは、力強いソースとの相性から、パスタは芯に細い穴のあいたブカティーニを使うのが決まりです。太くて弾力があるからで、**スパゲッティで代用するときも太いものが絶対**です。

材料（2人分）

スパゲッティ（直径1.9mm）……160g
ゆで汁用の水……2ℓ
ゆで汁用の塩……16g（水の0.8%）

◎ソース
- ホールトマト（缶詰）……270g
- パンチェッタ（棒切り）……60g
- 赤唐辛子……1本
- 白ワイン……90mℓ
- 湯……100mℓを用意
- ペコリーノチーズ
  （またはパルミジャーノ・レッジャーノ）
  ……大さじ3ほど

◎仕上げ用
ペコリーノチーズ……少量

準備
● ソースを作る前に、スパゲッティのゆで汁用の水を沸かし始める。

基本のイタリア食材②
パンチェッタ

パンチェッタとは、豚バラ肉の塩漬け熟成品。燻製にしていないところが、ベーコンとの違いです。棒切りで調理するほうが食感があって旨みが出やすいのですが、薄切りにするなら幅広に切るとよいでしょう。今回は7mm四方、長さ2cmの棒切りにしています。

スパゲッティ・アマトリチャーナの作り方

1 ホールトマトをつぶす。
ホールトマトをボウルに入れ、泡立て器でつぶしておく。

具の入るソースはフライパンの中でトマトをつぶしにくいので、あらかじめボウルなどでつぶしておきます。

2 パンチェッタなどを炒める。
パンチェッタと赤唐辛子をフライパンに入れ、弱めの中火にかける。熱くなってきたら弱火にし、ときどき混ぜながら炒める。

パンチェッタの脂が溶けるので、油は必要ありません。脂身が非常に少ない場合だけ、サラダ油をひとたらしします。

3 炒め終わり。
パンチェッタの脂が溶け、焼き色がついてカリッとしたら炒め終わり。赤唐辛子はここで取り出す。

脂身が白色から半透明になり、香ばしさが出るまでよく炒めるほうがおいしいです。この炒め方で、味が決まりますよ。

4 白ワインを入れる。
白ワインを全体に回しかける。

5 アルコール分をとばす。
強火にして沸かし、ワインのアルコール分をとばす。

沸かす時間は20秒ほど。フライパンについた肉の旨みも煮溶かします。

6 トマトを加える。
1のトマトを全量入れる。

トマトを入れていたボウルにトマト汁が残るので、少量の水(分量外)で溶かし、これも残らずフライパンに加えます。

7 フォークでつぶす。
トマトを広げ、かたまりが残っていればフォークでつぶす。

1でしっかりつぶしてあれば、この作業は必要ありません。次の工程へ進んでください。

8 ソースを5分ほど煮詰める。
ソースがプツプツと泡立つくらいのごく弱火にし、5分ほど煮詰める。その間、焦げつかないように適宜混ぜる。ドロッとして濃度が出てきたら煮詰め終わり。火を止める。

9 スパゲッティをゆでる。
ゆで汁用の湯を沸騰させ、分量の塩を入れてスパゲッティをゆでる(➡ p.9)。

18

10 ソースを温める。

スパゲッティのゆで上がりが近くなったら、8のソースに湯を50mlほど入れ、中火で温める。

> ソースは冷めて煮詰まっているので、湯でゆるめます。あとで加えるチーズが水分を吸うので、多めですが大丈夫。

11 スパゲッティを入れる。

スパゲッティがゆで上がったら水気をきり、10に入れ、強火にする。

> スパゲッティはゆで汁を完全にきってしまわず、少量をまとわせたままソースに入れます。

12 混ぜてからませる。

トングでスパゲッティをつかみながら混ぜ、ソースをからませる。

> 次の工程でチーズを入れて混ぜるので、ここでは半分ほどの混ぜ具合に。

13 火を止めてチーズを混ぜる。

火を止めて、ペコリーノチーズを2回に分けてふり、そのつど混ぜる。

> チーズはパスタに混ぜてから盛ったほうが断然おいしい！ 火をつけたままにしたり、一度にチーズを全部ふると、均等に混ざらず固まりやすいので注意。

14 混ぜ終わり。温めた器に盛る。

スパゲッティ全体にソースが行きわたったら混ぜ終わり。温めた器に盛り、仕上げ用のペコリーノチーズをふる。

> 盛りつけ後にふるチーズは、レストランでは「ソースにチーズを入れています」というメッセージなんですよ。

Chef's voice

アマトリチャーナは「アマトリーチェ風」の意味で、町の名に由来します。当地にグアンチャーレ（豚ほほ肉の塩漬け熟成品）とペコリーノで作るスパゲッティがあり、これにトマトを加えたものがローマで「アマトリチャーナ」として誕生しました。この経緯から、グアンチャーレでアマトリチャーナを作る人も。脂に甘みがあり、これも絶品です。

吉川シェフ好み、玉ねぎ入りのアマトリチャーナ

　必須材料ではありませんが、アマトリチャーナに玉ねぎを入れるイタリア人は多いですね。パンチェッタの塩味が強いので、玉ねぎを入れると甘みと爽やかさが加わり、味のバランスがとてもよくなるから。実は、私も玉ねぎ入りが断然好みです。

　ただ、玉ねぎの炒め方がちょっとむずかしいんです。新玉ねぎなら早く火が入るのでパンチェッタと一緒に炒めればよいのですが、ひねの玉ねぎは時間がかかるので、パンチェッタとの兼ね合いがむずかしい。ですから、玉ねぎを別に炒めておいて、パンチェッタの脂が出たタイミングで合わせるのが安全です。

　2人分なら玉ねぎ1/8個分の薄切りを、少量のサラダ油で、色づけずに生のにおいが取れるくらいに炒め、爽やかな甘みを出してください。これは冷凍しておけるので、アマトリチャーナを頻繁に作るなら、多めに作って冷凍保存しておくと便利です。

ほのかなにんにくの香りに、
たっぷりのオリーブ油がジャストバランス。

スパゲッティ・アーリオ・オーリオ

Spaghetti aglio, olio e peperoncino

にんにくを入れすぎない、炒めすぎない！

　ふだんは脇役に甘んじているにんにく、オリーブ油、赤唐辛子。この3つがアーリオ・オーリオの主役です。材料が少なく手順は簡単ですが、香りの出し方や水分バランスのとり方が意外にむずかしく、ちょっとしたさじ加減で味が大きく変わります。

　ポイントを2つに絞りましょう。1つめはにんにくの扱い。あの独特の香りがあってこそのアーリオ・オーリオですが、**日本ではにんにくをきかせすぎている**ことが多いようです。この料理に限らず、"イタリア料理＝にんにく"のイメージで、強くきかせることがイタリア料理であり、おいしいと思い込んではいませんか。

　アーリオ・オーリオでは、風味の出方と取り出しやすさの両面から、**「薄切り」のにんにくをおすすめします**。丸ごとつぶしたものでは風味が足りません。かといってみじん切りは香りが強く出すぎる。仮にみじん切りを使うなら、耳かき1杯が限界ですよ！また、にんにくは火入れが足りないと香りが臭みとなり、旨みも出ません。かといって茶色になるほど炒めると苦みが出て、繊細さに欠ける。ブロンド色でストップすることが大切です。

ゆで汁でのばすから、なめらかさが出るんです。

　ポイントの2つめは、オリーブ油とゆで汁のコントロール。最近は「乳化」といわれますが、要はパスタにからめるのは油だけではなく、**油とほぼ同量のゆで汁を加えて作ったゆるやかなオイルソース**なのです。なめらかな状態なので、パスタにうまくからんでくれます。ゆで汁がないと揚げ焼き風になり、もはやパスタ料理とはいえません。オイル系ソースは、**混ぜ終わったときに油とゆで汁がフライパンに少量残る**。これがベスト。ゆで汁を加えすぎて残ったら、強火で一気に水分をとばせばOKです。

材料（2人分）

スパゲッティ（直径1.9㎜）…… 160g

ゆで汁用の水 …… 2ℓ

ゆで汁用の塩 …… 16g（水の0.8％）

にんにく（厚さ2㎜の薄切り）…… 4g

赤唐辛子（輪切り）…… ½〜1本分

パセリ（みじん切り）…… 大さじ1

エクストラ・ヴァージン・オリーブ油
　　…… 大さじ1

◎仕上げ用

エクストラ・ヴァージン・オリーブ油
　　…… 大さじ2弱

スパゲッティ・アーリオ・オーリオの作り方

1 スパゲッティをゆで始める。

ゆで汁用の水を沸かし、分量の塩を入れてスパゲッティをゆで始める（→p.9）。

> この料理では、ソースが短時間ででき上がるので、まずスパゲッティをゆで始めます。

2 にんにくを炒める。

フライパンににんにくとエクストラ・ヴァージン・オリーブ油を入れて弱めの中火にかけ、炒める。

> 油の量が少ないのでフライパンを傾け、隅に油をためて炒めやすくします。茶色になるまでは炒めず、ブロンド色に！

3 赤唐辛子を加える。

赤唐辛子を加え、ひと呼吸おいてから火を止める。

> 輪切りの赤唐辛子は焦げやすく、辛みも出やすいので、にんにくよりも加えるタイミングを遅らせ、軽く火を通します。

4 パセリとゆで汁を加える。

火を止めたまま、パセリとスパゲッティのゆで汁約大さじ3を加える。このまま、スパゲッティのゆで上がりを待つ。

> ゆで汁が多いように見えますが、これくらいは必要。スパゲッティを入れると、ゆで汁を吸ってちょうどよくなります。

5 スパゲッティを入れる。

スパゲッティがゆで上がったら水気をきり、4に入れ、中火にかける。

> スパゲッティはゆで汁を完全にきってしまわず、少量をまとわせたままソースに入れます。

6 混ぜてからませる。

トングでスパゲッティをつかみながら混ぜ、オイルソースをからませる。

> パスタをつかんでぐるりぐるりと混ぜればからまります。あわてずゆっくり、30秒くらい。時間をかけて大丈夫です。

7 1回目の混ぜ終わり。

混ぜ終わり。スパゲッティがオイルソースの水分を吸って、フライパンの底にはソースがわずかに残る程度。

8 ゆで汁を加えて混ぜる。

スパゲッティのゆで汁約大さじ1を加えて、再度よく混ぜて火を止める。

> このゆで汁は、塩分と水分の最終調整。オイルソースはフライパンに少量だけ残るようにします。

9 オリーブ油を混ぜて盛る。

仕上げ用のエクストラ・ヴァージン・オリーブ油を大さじ1弱ずつ、2回に分けて入れ、そのつど混ぜる。温めた器に盛る。

> オリーブ油は必ず火を止めてから混ぜ、風味を生かします。油はディスペンサーを使うと全体に行きわたって便利。

スパゲッティ・アーリオ・オーリオのアレンジ
ドライトマトのスパゲッティ

Spaghetti ai pomodori secchi
(スパゲッティ アイ ポモドーリ セッキ)

アーリオ・オーリオのソースにドライトマトを加えるだけ。凝縮したトマトの旨みがきいたインパクトのある味です。ドライトマトの塩分があるので、料理全体の塩分は抑え気味にするほうがいいでしょう。スパゲッティのゆで汁も、塩分濃度を通常より少ない0.7%に。ソースをのばす水分も、ゆで汁ではなく、湯を使います。

基本のイタリア食材③
ドライトマト

切り分けたトマトに塩をふって乾燥させたのが、ドライトマト。保存食なので、昔はカラカラに乾燥させていましたが、最近はフレッシュ感を少し残した"セミドライ"が主流です。完全なドライトマトはもどすのに時間がかかり、もどしても硬かったり、皮が紙切れのようになって舌触りが悪かったもの。でも、セミドライは柔らかくて酸味や塩味が控えめなので、使い勝手がよくなっています。

材料（2人分）

- スパゲッティ（直径1.9mm）…… 160g
- ゆで汁用の水 …… 2ℓ
- ゆで汁用の塩 …… 14g（水の0.7%）
- ドライトマト（セミドライ）…… 25g
- にんにく（みじん切り）…… 2g
- 赤唐辛子 …… 1本
- パセリ（みじん切り）…… 大さじ1
- エクストラ・ヴァージン・オリーブ油 …… 大さじ1
- 湯 …… 100mℓを用意

□仕上げ用
- エクストラ・ヴァージン・オリーブ油 …… 大さじ2弱

> ドライトマトの風味が強いので、それに合わせて、にんにくはみじん切りにして使います。もちろん、かたまりをつぶしたものや薄切りでもかまいません。その場合は5gに増やしてください。

作り方

1 ドライトマトを充分に浸る量の熱湯（分量外）に15分ほど浸して柔らかくもどす。湯がぬるくなったら、水分を絞って細かく刻む。このもどし汁は使わない。

> 柔らかくもどしながら、塩分も抜きます。ぬるま湯より熱湯のほうが、柔らかくなるのも塩分が抜けるのも早く、おすすめ。

2 ゆで汁用の水を沸かし、分量の塩を入れてスパゲッティをゆで始める（→p.9）。

3 フライパンににんにく、赤唐辛子、エクストラ・ヴァージン・オリーブ油を入れて弱めの中火にかける。にんにくがブロンド色になったところでパセリと湯大さじ3を加え、軽く煮詰める。赤唐辛子を取り出し、**1**のドライトマトを入れてひと煮立ちさせ、火を止める。このまま、スパゲッティのゆで上がりを待つ。

> ドライトマトは炒めません。オイルソースの最後に入れ、ひと煮立ちさせるくらいがおいしい。

4 スパゲッティがゆで上がったら水気をきって**3**に入れ、中火にかけて混ぜる。湯約大さじ1を入れてさらに混ぜる。もし塩味が足りなければゆで汁を加えて少し煮詰め、火を止める。

5 仕上げ用のエクストラ・ヴァージン・オリーブ油を2回に分けて入れ、そのつど混ぜる。温めた器に盛る。

あさりのむき身は便利。でも、殻付きで作る
ヴォンゴレのおいしさにはかないません！

スパゲッティ・ヴォンゴレ・ビアンコ

スパゲッティ　アッレ　ヴォンゴレ　イン　ビヤンコ
Spaghetti alle vongole in bianco

あさりの汁はおいしい"だし"。

　ヴォンゴレには2種類あることを知っていますか？「白（＝ビアンコ）」と「赤（＝ロッソ）」です。日本では白が一般的ですが、本家イタリアでは赤のトマト味が基本。トマトを入れない白ヴァージョンはいわばアレンジ版で、料理名に"ビアンコ"をつけ、ヴォンゴレ・イン・ビアンコと呼びます。

　ヴォンゴレのスパゲッティがおいしいのは、具となるあさり自体に旨みの豊富な汁があるから。あさりの汁を大量にとって、ブイヨン代わりのだしに使う料理人もいるくらいです。それには殻付きを使うのが前提で、むき身で同じおいしさを求めるのは無理。殻付きを蒸し煮にしたときに出る汁、これで味が決まるのです。

　この汁には旨みだけではなく塩分も含まれていて、塩味はこれだけで充分です。あらたに塩は加えません。どちらかというと、塩辛くなりすぎないように注意しないといけません。まれに、塩味が非常に強いあさりがあるので、使う汁の量と煮詰め方で調整する必要があります。スパゲッティを入れてからではコントロール不能ですから、入れる前にきっちり決めておきましょう。

オリーブ油を"加えて混ぜる"のくり返し。

　「スパゲッティ・アーリオ・オーリオ」（→p.20）も同じですが、オイル系のパスタ料理は「乳化」がキーワードといわれます。でも、乳化させようと一生懸命になる必要はありません。なぜなら自然と乳化するものだから。あさりの蒸し汁と最後に加えるオリーブ油を混ぜ続ければ、必ず水分と油がまとまり、乳化状態になります。大事なのは、水分と油分をほぼ同じ量にすること。そして、油を"少しずつ加えて混ぜる"というくり返しの作業。パスタに均一に、くまなく広がることで乳化が進み、しっかりからむのです。

材料（2人分）

スパゲッティ（直径1.9㎜）…… 160g

ゆで汁用の水 …… 2ℓ

ゆで汁用の塩 …… 16g（水の0.8％）

あさり（殻付き）…… 300g

白ワイン …… 大さじ2

にんにく（薄皮をむいてつぶしたもの）
　　　…… 3g

赤唐辛子 …… ½本

エクストラ・ヴァージン・オリーブ油
　　　…… 大さじ1

パセリ（みじん切り）…… 大さじ1

◎仕上げ用

エクストラ・ヴァージン・オリーブ油
　　　…… 大さじ2弱

準備

◉ あさりの蒸し煮を作り始める前に、スパゲッティのゆで汁用の水を沸かし始める。

25

スパゲッティ・ヴォンゴレ・ビアンコの作り方

1 あさりを砂抜きする。

あさりを水洗いして、塩水（食塩濃度3％、500mlの水に15gの塩。分量外）に2～3時間浸けて砂抜きをする。

砂抜きずみのあさりなら、水洗いするだけでかまいません。

2 あさりを蒸し煮する。

フライパンに**1**のあさりと白ワインを入れて中火にかける。蓋をして、蒸し煮にする。

3 殻が開くまで加熱。

時々フライパンをゆすってあさりを動かし、殻がすべて開くまで加熱する。

フライパンをゆするのは、火入れを均一にして、できるだけ同時に殻を開けるため。差が出ると、火が入りすぎて硬くなるものができてしまいます。

4 あさりと蒸し汁を分ける。

すべての殻が開いたら、ざるでこしてあさりと蒸し汁に分ける。蒸し汁は再度、茶こしでこす。

蒸し汁には砂や殻の小片が混じっていることがあるので、ひと手間でも必ず茶こしでこしましょう。

5 スパゲッティをゆで始める。

ゆで汁用の湯を沸騰させ、分量の塩を入れてスパゲッティをゆで始める（→p.9）。

この料理はソースが短時間でできるので、ここでスパゲッティをゆで始めます。

6 にんにくと赤唐辛子を炒める。

にんにく、赤唐辛子、エクストラ・ヴァージン・オリーブ油をフライパンに入れて、弱めの中火にかける。温まってきたら弱火にして炒める。にんにくがブロンド色に色づいたら、赤唐辛子とともに取り出す。

7 あさりの蒸し汁を加える。

6に**4**で分けたあさりの蒸し汁約大さじ3を加え、軽く煮詰める。

少し煮詰めたら、必ず蒸し汁の塩味を確認！　塩分がきつすぎる場合は、汁を少量取り除いて、湯（分量外）を加えます。煮詰めすぎにも注意。

8 あさりを殻ごと入れる。

7に**4**のあさりを殻ごと入れ、しばらく火にかけて温める。

9 パセリをふる。

パセリをふって、すぐに火を止める。このまま、スパゲッティのゆで上がりを待つ。

フライパンを傾けたときに、写真のように水分が少し残っているのがよい状態。

10 ソースをゆで汁でのばす。

スパゲッティのゆで上がりが近くなったら、9にスパゲッティのゆで汁約大さじ1を入れてのばす。

11 スパゲッティを入れる。

スパゲッティがゆで上がったら水気をきり、10に入れ、中火にかける。

> スパゲッティはゆで汁を完全にきってしまわず、少量をまとわせたままソースに入れます。

12 混ぜてからませる。

トングでスパゲッティをつかみながら混ぜ、ソースをからませる。火を止める。

> パスタをつかんでぐるりぐるりと混ぜればからまります。あわてずゆっくり、30秒くらい時間をかけて大丈夫です。

13 オリーブ油を混ぜる。

仕上げ用のエクストラ・ヴァージン・オリーブ油を約大さじ2/3ずつ、3回に分けてかけ、そのつどよく混ぜる。

> オリーブ油は必ず火を止めてから混ぜ、風味を生かすのが決まり。油は、ディスペンサーを使うと全体に行きわたって便利です。

14 混ぜ終わり。温めた器に盛る。

スパゲッティがツヤよく、とろみを帯びたらでき上がり。温めた器に盛る。

Chef's voice

トマト味の"赤"のヴォンゴレにするときは、11でトマトソース（→p.14 8の状態）を2人分で1/2カップ加えます。あさりを殻付きのまま盛ると、食べるときに殻を持つ手がトマトで赤く汚れるので、蒸し煮したらむき身にし、食べやすくするのがイタリア流。そのほかはビアンコと同様にします。

成功の秘訣は、卵の扱い方。
とろとろ卵のカルボナーラが失敗なく作れます！

スパゲッティ・カルボナーラ

Spaghetti alla carbonara
スパゲッティ　アッラ　カルボナーラ

卵をしっかりと溶いておくことがコツ。

　卵をいかになめらか、とろとろの状態にとどめるか、これがカルボナーラの最大のテーマです。失敗のほとんどは、卵がスクランブルエッグのように固まってしまうこと。それを恐れるあまり、早めに火を止めると"とろとろ"ならぬ"ドロドロ"になって、卵が生煮えになりかねません。

　とろとろの状態を目指すにはまず、**卵は常温にもどしてから使うこと**。冷蔵庫から出したては冷たすぎて、火が入るまでの時間が長くかかり、温まると同時に一気に凝固が始まってしまいます。2つめは、**卵を"水っぽくなるまで"混ぜること**。卵白のコシを完全にきって卵黄と均一に混ぜ、シャバシャバにするのです。卵白と卵黄は凝固温度が違うので、よく混ざっていないと、卵黄のほうが先に固まり始めてしまう。「スパゲッティをゆでている間は、卵をずーっと混ぜ続けよ」が修業時代の教訓でした。

ワインと湯を加えて"炒り卵化"を防ぎます。

　カルボナーラに生クリームを入れる人も多いですね。これはコクを加えるためだけではありません。卵の凝固スピードを遅くするんです。ゆるやかに固まるので、"炒り卵"状になりにくくなります。ここでご紹介したように生クリームを入れないときは、炒めたパンチェッタに加える水分——**白ワインと湯がその役割を担い、緩衝材になって、卵液がゆっくり固まってくれます**。

　カルボナーラは盛りつけた後にも、たっぷりと粗びき黒こしょうをふるのが決まり事。カルボナーラとは「炭焼き人風」のことで、炭焼きの火を利用しながら作ったことに由来します。自然に舞い落ちたであろう炭の粉を、黒こしょうで模しているのです。味が引き締まり、理にかなった味つけです。

材料（2人分）

- スパゲッティ（直径1.9㎜）…… 160g
- ゆで汁用の水 …… 2ℓ
- ゆで汁用の塩 …… 16g（水の0.8％）
- 卵（常温に戻したもの）…… 2個
- ペコリーノチーズ
  （またはパルミジャーノ・レッジャーノ）
  …… 大さじ3
- 黒こしょう（粗びき）…… 適量
- パンチェッタ（棒切り）…… 70g
- 白ワイン …… 大さじ2
- 湯 …… 100㎖を用意
- ピュア・オリーブ油 …… 小さじ⅔

パンチェッタは豚バラ肉の塩漬け熟成品（➡ p.17）。カルボナーラには「スパゲッティ・アマトリチャーナ」（➡ p.16）で使うパンチェッタほどの脂身は必要ありません。むしろ少なめのほうがベター。ソースになめらかさが求められるので、脂の少ないものを短時間で炒めて柔らかさを保ちます。ベーコンで代用してもかまいません。

スパゲッティ・カルボナーラの作り方

1 スパゲッティをゆで始める。

ゆで汁用の水を沸かし、分量の塩を入れてスパゲッティをゆで始める（→p.9）。

この料理のソースは短時間でできるので、まずスパゲッティをゆで始めます。

2 卵液を作る。

ボウルに卵とペコリーノチーズを入れ、フォークで混ぜる。

卵白のコシをきり、卵黄と一体化させるには、フォークを使うと効率よいですよ。

3 黒こしょうを加える。

途中で**2**に黒こしょうをたっぷり加える。

カルボナーラに黒こしょうは不可欠！盛りつけたあとにふりますが、卵液にもしっかりと入れておきます。

4 卵液の混ぜ終わり。

すくったときに卵液がフォークにのらず、サラッと流れ落ちる状態になるまで、よく混ぜる。

5 パンチェッタを炒める。

パンチェッタとピュア・オリーブ油をフライパンに入れて弱めの中火にかけ、炒める。熱くなってきたら弱火にし、ときどき混ぜながら、薄く焼き色がつくまで炒める。

少量の油と炒めると、脂が早く溶け出します。カリカリに炒めないように。

6 白ワインと湯を加える。

5に白ワインをふり、強火で煮詰めてアルコール分をとばす。続けて湯60mlほどを加え、沸いたら火を止める。

水分が少し多めに感じるかもしれませんが、これくらいのほうが卵液がゆっくりと固まって、炒り卵状になりません。

7 スパゲッティを入れる。

スパゲッティがゆで上がったら、水気をきって**6**に入れ、軽く混ぜ合わせる。

火は止めたまま、混ぜてからませます。

8 卵液を加えて混ぜる。

卵液を入れて、ここで弱火にかける。フォーク2本に持ち替え、手早く混ぜ始める。

9 混ぜ始めの状態。

混ぜ始めのフライパンの底。卵液が固まらずにたまっている。

10 余熱で混ぜる。

30秒くらい混ぜたら火を止め、さらに1分ほど混ぜ続けて余熱で火を入れる。

卵液に完全に火を通そうと思うと、炒り卵状になりやすい。とろみが残っているうちに火を止めて、余熱調理を。卵液は黄色からクリーム色に変わります。

11 盛って、黒こしょうをふる。

温めた器に盛り、黒こしょうを適量ふる。

Chef's voice

全卵の代わりに卵黄のみで作ると卵のコクが強まり、旨みの濃いソースになります。ただし、全卵よりも早く固まるので、フライパンでは和えません。ボウルに卵黄3個と半量のチーズを混ぜ、ここにゆでたスパゲッティ、炒めたパンチェッタ、残りのチーズの順に入れ、そのつど混ぜて余熱で仕上げます。最後に湯で濃度をととのえましょう。

スパゲッティ・カルボナーラのアレンジ
スパゲッティの法王風
Spaghetti alla papalina
（スパゲッティ　アッラ　パパリーナ）

戦後生まれの、カルボナーラのアレンジパスタ。パンチェッタの代わりに生ハムを使い、卵は卵黄のみ。生クリームを必ず加えます。コクのあるリッチな味わいです。

材料（2人分）

- スパゲッティ（直径1.9mm）…… 160g
- ゆで汁用の水 …… 2ℓ
- ゆで汁用の塩 …… 16g（水の0.8%）
- 卵黄 …… 2個
- 生クリーム（乳脂肪分35%）…… 100mℓ
- パルミジャーノ・レッジャーノ …… 大さじ1½
- 生ハム（細切り）…… 30g
- バター（小角切り）…… 10g
- 白ワイン …… 大さじ1

仕上げ用
- パルミジャーノ・レッジャーノ …… 少量

「法王風」とは……

第二次世界大戦前後のローマ法王、ピオ12世に由来します。ある日、彼が枢機卿時代に通っていたレストランにヴァチカンの昼食会を依頼し、「ローマらしい新しい料理を入れてほしい」と注文。そこで店主は、当時のローマで人気だった「カルボナーラ」をアレンジし、生ハムや生クリームを使い、パスタはソースがはねにくいようフェットチーネ（幅広パスタ）にして、上品で高級感のある料理に仕立てたようです。そしてピオ12世に敬意を表し、法王風と命名したのです。

作り方

1 ゆで汁用の水を沸かし、分量の塩を入れてスパゲッティをゆで始める（→p.9）。

2 ボウルに卵黄、生クリーム、パルミジャーノ・レッジャーノを入れて混ぜる。

3 フライパンに生ハムとバターを入れ、中火で炒める。火が通ったら白ワインをふり、スパゲッティのゆで汁を40〜50mℓ入れてひと沸かしし、火を止める。

4 スパゲッティがゆで上がったら水気をきり、**3**を火にかけてスパゲッティを入れ、混ぜる。**2**の卵液を加えて弱火で混ぜてからませ、ソースをクリーム状に仕上げる。

5 温めた器に盛り、仕上げ用のパルミジャーノ・レッジャーノをふる。

ひき肉の一粒一粒に歯ごたえがあり、旨みがあってこそのミートソース。

スパゲッティの
ボローニャ風ミートソース

スパゲッティ　アッラ　ボロニェーゼ
Spaghetti alla bolognese

粗びき肉を弱火でゆっくり炒めるべし。

　ミートソースはボローニャが発祥地であることから「ボロニェーゼ」と呼ばれます。しかし、その伝統レシピは、全土に広まっているホールトマト主体で煮るソースとは違います。トマトペーストとたっぷりの赤ワイン、特産の豚肉加工品を加えるなど、酸味のきいた個性的な味わいです。ここでは、マイルドで食べやすく、失敗の少ないイタリア全国標準のレシピをマスターしましょう。

　おいしいミートソースとは、ひき肉の一粒一粒に歯ごたえがあり、旨みがあり、ジューシーなもの。**ソースの中で肉の粒がだしがらのように硬くなっていたら失敗**です。そうならないためには、**粗びき肉を使い、最初にカリカリに炒めてしまわないこと**。煮る工程より、どう炒めるかがミートソースの出来を左右する、といってもいいでしょう。あせらずゆっくり、弱火で炒め始めると、しばらくして水分がにじみ出てきますから、そうなったら火を強めて一気に水分をとばします。これでアクが抜け、肉の臭みもなくなります。ひき肉を炒めるのは火を入れるだけではなく、余分な水分をとばすことも大切な目的。ここまでやれば炒め終わりです。

香味野菜は具ではなく、だしの素！

　うまく炒めるには、ひき肉と香味野菜を別々に炒めるのが合理的です。それぞれをベストの状態に炒めて、煮る直前に合わせればいい。一緒に炒めると、水分がうまくとばなかったり、炒めすぎたりと、なかなかむずかしいですよ。

　また、**香味野菜はごくみじんに切ることが大切**です。ミートソースにおける野菜は具ではなく、風味づけの"だしの素"です。ひと切れが大きいと火が入るのに時間がかかるし、何よりひき肉よりも大きいようでは肉の食感のじゃまになりますから。

材料（2人分）

- **スパゲッティ**（直径1.9㎜）…… 160g
- **ゆで汁用の水** …… 2ℓ
- **ゆで汁用の塩** …… 16g（水の0.8％）

◎**ミートソース**
- **粗びき肉**（牛肉、または合いびき） …… 80g
- **玉ねぎ**（みじん切り）…… 10g
- **セロリ**（みじん切り）…… 10g
- **にんじん**（みじん切り）…… 10g
- **サラダ油** …… 適量
- **ポルチーニ**（ドライ）…… 4g
- **ぬるま湯**（ポルチーニのもどし用） …… 80㎖
- **赤ワイン** …… 90㎖
- **ホールトマト**（缶詰）…… 180g
- **ローリエ** …… ½枚
- **ナッツメッグ** …… ひとつまみ
- **塩** …… ひとつまみ
- **黒こしょう** …… 適量
- **湯** …… 100㎖を用意
- **バター**（小角切り）…… 15g

◎**仕上げ用**
- **パルミジャーノ・レッジャーノ** …… 大さじ3

道具
◉ フライパンはフッ素樹脂加工のものを。鉄製はひき肉を炒めるときに焦げやすいので向かない。

準備
◉ ソースを作る前に、スパゲッティのゆで汁用の水を沸かし始める。
◉ ホールトマトをボウルに入れ、泡立て器でつぶす。

スパゲッティのボローニャ風ミートソースの作り方

1 ドライのポルチーニをもどす。

ポルチーニをぬるま湯に15分ほど浸けてもどす。柔らかくなったら水分を絞り、ひき肉と同じくらいのみじん切りにする。もどし汁はとっておく。

ポルチーニがなければ、マッシュルームや干ししいたけなどで代用しても。

2 ひき肉を炒める。

ひき肉とサラダ油小さじ1をフライパンに入れ、弱火にかける。ほぐしながら炒め、肉が薄茶色になり水分が出てきたら、中火にして水分をとばしながら炒める。

ひき肉に水分をこもらせておかないように。ひき肉は100gに増やしてもOK。

3 炒め終わり。

水分がとび、薄茶からこげ茶色になったら炒め終わり。肉をいったん取り出す。

ひき肉は中まで火が入っていますが、弾力もジューシー感も保たれています。

4 野菜を炒める。

3のフライパンにサラダ油大さじ1を足し、香味野菜(玉ねぎ、セロリ、にんじん)を入れて弱火で炒める。

フライパンに残った肉の脂を利用しながら、油を足して炒めます。少し色づくくらいまで炒めて大丈夫です。

5 ひき肉を戻す。

野菜が炒まったら、3のひき肉を戻し入れる。

6 赤ワインで風味づけする。

赤ワインを入れ、強火にして沸かしながらよく混ぜ、アルコール分をとばす。

沸かす時間は20秒ほど。フライパンについた肉や野菜の旨みを煮溶かし、ソースに混ぜ込みます。

7 トマトとローリエを加える。

つぶしておいたトマトとローリエを入れて混ぜる。

トマトを入れていたボウルにトマト汁が残るので、少量の水(分量外)で溶かし、これもフライパンに加えます。

8 ポルチーニともどし汁を加える。

1のポルチーニを加え、もどし汁は茶こしでこしながら入れる。

9 6〜7分煮詰める。

ソースがプツプツと泡立つくらいの弱火にし、6〜7分煮詰める。焦げつかないよう、適宜混ぜる。

水分がとんで、次第に濃度が出てきます。

10 スパゲッティをゆで始める。

9のソースを煮詰めている間に、ゆで汁用の湯を沸騰させ、分量の塩を入れてスパゲッティをゆで始める（→p.9）。

11 ナッツメッグや塩で調味する。

煮詰めた9のソースに、ナッツメッグ、塩、黒こしょうを順次加え、そのつどよく混ぜる。

12 湯でのばす。

ソースに湯大さじ3を入れていったんのばし、再び混ぜながら煮詰め、味を凝縮する。

> より濃厚な味にしたいときは、この工程をくり返しましょう。ブイヨンの素を加えてもかまいません。

13 ソースのでき上がり。

混ぜたときに、ソースが流れない濃度に煮詰まったらでき上がり。ローリエを除き、火を止めておく。

> ややドライな状態ですが、あとで湯やバターが入るので、これくらいまで煮詰めても大丈夫。

14 湯とバターを加える。

スパゲッティのゆで上がりが近くなったら、13に湯大さじ3を入れてのばし、中火にかけて温める。スパゲッティがゆで上がったら、バターを加える。

> バターは入れるだけ。溶かす必要はありません。

15 スパゲッティを入れて混ぜる。

スパゲッティの水気をきって14に入れ、トングでつかんで混ぜて、ソースをからませながらバターも溶かす。

> スパゲッティはゆで汁を完全にきらず、少量をまとわせた状態でソースへ。混ぜ加減はソースの色が全体に回る程度。

16 チーズの半量を混ぜる。

火を止めて、仕上げ用のパルミジャーノ・レッジャーノの半量をふりかけて混ぜる。

> チーズを混ぜるときは、必ず火を止め、2回に分けて。均一に混ぜるコツです。

17 残りのチーズを混ぜて盛る。

残りのチーズをふりかけて混ぜる。温めた器に盛りつける。

Chef's voice

戦後、日本に定着したミートソースは、皿にスパゲッティを盛り、その上にソースをかけてチーズをふるというスタイルでした。でも、ソースもチーズも、フライパンの中でスパゲッティとよく混ぜたほうがしっかりからんで旨みがなじみ、断然おいしくなります。チーズの量も少量では意味なし。たっぷり入れてこそ、旨み効果が出ます。

材料（2人分）
リングイーネ …… 160g
ゆで汁用の水 …… 2ℓ
ゆで汁用の塩 …… 16g（水の0.8％）
◇ジェノヴァペースト
├ バジル（葉のみ）…… 10g
│ 松の実 …… 8g
│ にんにく（粗みじん切り）…… 1g
│ エクストラ・ヴァージン・オリーブ油 …… 40g
│ パルミジャーノ・レッジャーノ …… 大さじ2
│ 塩 …… ひとつまみ
└ 黒こしょう …… 適量
◇仕上げ用
バジル …… 2枝

準備
- ブレンダー（またはミキサー）の容器と刃を、冷蔵庫で冷やしておく。

バジルとミキサーを冷やし、香りも色も鮮明に。

リングイーネの ジェノヴェーゼ

リングィーネ　コル　ペスト　アッラ　ジェノヴェーゼ
Linguine col pesto alla genovese

　バジルソースに「ジェノヴェーゼ（＝ジェノヴァ風）」の名前がついているのは、ジェノヴァ一帯がバジルの産地だから。北部でも温暖なジェノヴァでは良質で香りのよいバジルが育つことから、このペーストが生まれました。フレッシュな、すがすがしい香りと、鮮やかな緑色を生かすために、**このソースはミキサーにかけるだけで加熱しません**。ちょっとした熱が加わるだけで色がくすむので、作るときも極力熱を与えないようにします。レストランではミキサーのモーター熱さえ伝わらないよう、容器や刃を冷蔵庫で冷やして作るほど。また、材料を段階的に加えていくことも大事です。最初に松の実、にんにく、油をピューレにし、ここにバジルを入れれば、手早く、しかも効率よく撹拌できます。チーズは材料の水分を吸って回りにくくなるので、最後にボウルの中で混ぜます。

リングイーネ

スパゲッティを平たく押しつぶした形状で、断面は楕円形。平たい分、丸いスパゲッティよりも麺にソースがたくさんのるので、ゆるいピューレ状のソースにも向いています。ジェノヴェーゼにはリングイーネを使うのが決まりです。

1 リングイーネをゆで始める。

ゆで汁用の水を沸かし、分量の塩を入れてリングイーネをゆで始める（→ p.9）。

> この料理のソースは短時間でできるので、先にリングイーネをゆで始めます。

2 松の実、にんにく、油を合わせる。

ブレンダーの容器に松の実、にんにく、エクストラ・ヴァージン・オリーブ油、塩を入れる。

3 ピューレにする。

2をブレンダーにかけて撹拌し、ピューレにする。

> 松の実を粉砕して、ドロッとした状態にします。

4 バジルを加えて撹拌する。

バジルを加えてゴムべらで底に押し込む。再びブレンダーで撹拌してピューレにする。

> バジルの葉はぎゅっと寄せておいたほうが、刃が回りやすく短時間でピューレ状にできます。

5 ボウルに入れる。

なめらかな状態になったら、大きなボウルに移す。

> このボウルでゆで上げたリングイーネを和えるので、大きいものを用意しましょう。

6 チーズと黒こしょうを加える。

パルミジャーノ・レッジャーノと黒こしょうを加える。

7 混ぜてペーストの完成。

ゴムべらで手早く混ぜ、均一にする。これでペースト（ソース）のでき上がり。

8 ゆで汁でのばす。

リングイーネがゆで上がる頃に、7にゆで汁大さじ1〜2を入れる。手早く混ぜて、パスタがからみやすい濃度にする。

> ゆで汁の量はペーストの状態をみて加減を。加熱して水分をとばすことができないので、入れすぎに注意です。

9 リングイーネを和える。

リングイーネがゆで上がったら水気をきり、8のボウルに入れ、スプーンとフォークで混ぜる。温めた器に盛り、仕上げ用のバジルを添える。

> ペーストに熱が加わるとチーズが凝固してくるので、手早く混ぜるのがコツ。

37

辛みだけに特化した刺激的なトマトソース。
でも、ほどほどの辛さがいいんです。

ペンネ・アラビアータ

Penne all'arrabbiata

本場イタリアでは、日本人が思うほど辛くありません！

　料理名を和訳すれば「怒ってカッカしたペンネ」。これ、赤唐辛子の辛さに、食べる人が「辛い！」と怒るのではありません。一緒に和えられたペンネが辛くて怒っている、という意味です。

　辛いのが特徴のパスタといっても、**イタリアのアラビアータは日本人が思うほど辛くはありません**。すこーし辛い程度。日本人は辛いものにはとことん辛さを強調して楽しみますが、アラビアータはちょっと辛ければ、充分その役目を果たしています。通常、赤唐辛子を使う料理は½～1本程度の量ですが、アラビアータなら2本。しかも刻まずに丸のままがいい。辛いのが好みなら、量も切り方も自由ですが、これ以上の辛さは、覚悟が必要です。

辛みだけでなく、「香り」も楽しむ料理。

　赤唐辛子は辛みだけでなく、独特の刺激的な香りもあるので、"ハーブ"と考えるとよいでしょう。だから、ローリエもバジルも入れず、**赤唐辛子の風味だけを生かします**。最初ににんにくと一緒にオリーブ油の中でじっくり火を入れ、辛みと香りを油に移しますが、これで十二分に辛いので、赤唐辛子は取り出して、残った油でトマトを煮ます。また、プロセスの写真をご覧になるとわかるでしょうが、この料理はとくに**ソースをたっぷり作り、ペンネを食べ終わっても余るくらいにします**。そのほうが嚙みごたえのあるペンネがおいしく食べられるし、皿に残ったソースをパンでぬぐえば、二度おいしさを味わえるという楽しみもあります。

　ところで、アラビアータは、盛りつけるだけでは見た目がトマトソースと変わりませんよね。レストランでは間違いのないように、見分ける工夫をしています。それが仕上げのパセリと赤唐辛子。これは風味づけというより、"辛いよ！"という目印なんです。

材料（2人分）

ペンネ …… 140g
ゆで汁用の水 …… 1.5ℓ
ゆで汁用の塩 …… 12g（水の0.8％）

◈ トマトソース
- ホールトマト（缶詰）…… 280g
- にんにく（薄皮をむいてつぶしたもの）…… 3g
- 赤唐辛子 …… 2本
- エクストラ・ヴァージン・オリーブ油 …… 大さじ2
- 塩 …… ひとつまみ

◈ 仕上げ用
- エクストラ・ヴァージン・オリーブ油 …… 小さじ1
- パセリ（みじん切り）…… 小さじ1

準備

◉ ソースを作る前に、ペンネのゆで汁用の水を沸かし始める。

ペンネ

羽根ペン形の穴あきショートパスタ。メーカーによって太さがやや違い、表面に筋のあるもの、ないものがあります。筋ありは生地が厚くモチモチ、筋なしは生地が薄くてツルツルした食感。元祖のペンネは、筋なしです！

39

> ペンネ・アラビアータの作り方

1 ホールトマトをつぶす。

ホールトマトをボウルに入れ、泡立て器でつぶしておく。

> つぶしておくと、フライパンに入れたときにすぐ広がって、調理がラク。

2 にんにくと赤唐辛子を炒める。

にんにく、赤唐辛子、エクストラ・ヴァージン・オリーブ油をフライパンに入れ、弱めの中火にかける。油が熱くなってきたら弱火にする。

> フライパンを傾け、にんにくが油に浸るようにします。

3 きつね色に炒めて取り出す。

にんにくの縁が茶色に色づくまで炒めたら、赤唐辛子とともに取り出す。赤唐辛子は取りおく。

> にんにくは「スパゲッティ・アーリオ・オーリオ」(→p.20) より強めに色づけ、香りや辛みを充分に油に移します。

4 トマトを入れ、塩をふる。

1を入れ、油とよく混ぜ合わせて塩をふる。

> トマトを入れたときに油がはねやすいので注意。ボウルにはトマト汁が残るので、少量の水（分量外）で溶かし、これもフライパンに加えます。

5 混ぜながら約5分煮る。

木べらで混ぜながら、5分ほど煮詰める。

> 途中で水分が足りなくなったら、ペンネのゆで汁用の湯を少量足してください。

6 小さく泡立つ火加減で煮る。

火加減はごく弱火。プツプツと小さな泡の上がる状態で煮る。煮終わったら火を止めておく。

7 ペンネをゆでる。

5～6のソースを煮ている間にゆで汁用の湯を沸騰させ、分量の塩を入れてペンネをゆでる（→p.9）。

8 ソースを温める。

ペンネのゆで上がりが近くなったら、6のソースにゆで汁大さじ2を入れてのばし、中火にかけて温める。

> ペンネがからみやすいよう、ソースをゆるい状態にととのえます。

9 ペンネを入れる。

ペンネがゆで上がったら水気をきり、8のソースに入れ、強火にする。

> ペンネはゆで汁を完全にきってしまわず、少量をまとわせたままソースに入れます。

10 ゆで汁も加える。

ペンネのゆで汁を大さじ2ほど入れる。

> ペンネを入れて少し煮込むので、ここでもゆで汁を加えておきます。

11 混ぜながら2〜3分煮る。

全体を混ぜながら2〜3分煮て、ソースをなじませ、ペンネにもさらに火を入れる。

> ペンネは袋の表示通りにゆでますが、ソースとのなじみをよくするために少しだけ一緒に煮ます。柔らかくなりすぎることはないので、大丈夫。

12 オリーブ油を混ぜる。

火を止め、仕上げ用のエクストラ・ヴァージン・オリーブ油を少量ずつかけて、手早く混ぜる。

> オリーブ油は小さじ1を4回ほどに分けて手早く混ぜれば、少量でも全体に回ります。混ぜるのは、火を止めてから！

13 盛りつけて、パセリをふる。

ツヤよく、香りよく仕上がったら、温めた器に盛り、パセリをふって、**3**の赤唐辛子を飾る。

Chef's voice

ペンネは生地の厚みが均一に見えますが、実際は、穴の周りの左と右でわずかに差があるんです。ゆでたあとで触ってみると、よくわかります。厚いほうまで柔らかくなるよう、きっちりゆでてください。また、太いペンネと細いペンネでは、意外にも、細いほうがゆで時間が長くかかるんです！　穴も細いので、ペンネの中を通るゆで汁の量が少なく、火が通りにくいんです。

"アラビアータ"の誕生ストーリー

　トマトソースとアラビアータは、辛みが違うだけで、材料はほぼ同じ。一見、トマトソースをアレンジしたように見えますが、実際には、ベースになったのは「スパゲッティ・アマトリチャーナ（→ p.16）」です。トマト、パンチェッタ、赤唐辛子、ペコリーノチーズで作るアマトリチャーナに、ローマのあるレストランが手を加えて「アラビアータ」と称したのが始まり。それは赤唐辛子の量を増やし、ポルチーニを加えて、ペンネと和えたものでした。

　しかし人気が出ず、すぐにメニューからおろされます。いっそのこと「辛み」だけに特化するのがいいのではと、赤唐辛子を強調し、ポルチーニもパンチェッタもはずして現在のアラビアータになりました。ペコリーノチーズはアマトリチャーナからの流れで最初はかけていましたが、今はたいてい別添えにして、食べる人のお好みにまかせています。

　こうした経緯から、アラビアータとペンネの組み合わせは絶対的でした。が、最近のイタリアでは、ローマを除く地域では「スパゲッティ・アラビアータ」も市民権を得ているようです。

余熱調理のイメージでクリーミー&マイルドに。
ゴルゴンゾーラのペンネ

<small>ペンネ　アル　ゴルゴンゾーラ</small>
Penne al gorgonzola

　ゴルゴンゾーラチーズはクリーミーで味がマイルド。青かびのピリッとした刺激もアクセントになって甘さと辛さのバランスがよく、パスタソースにはうってつけです。**チーズをソースにするときは、火を入れすぎない、この一点に注意**してください。仕上げに混ぜるパルミジャーノ・レッジャーノも同じですが、ゴルゴンゾーラチーズの場合も、生クリームを合わせたら半分ほど火が入ったところで止めて、余熱で溶かすくらいでないといけません。あとはペンネと和えたときに軽く火にかける程度です。「ペンネ・アラビアータ」（→p.38）ではソースとペンネを合わせてから少し煮込んでなじませますが、チーズの場合は**煮込まず、和えるだけ**。その意味でも、ペンネ自体を少し柔らかめにゆでておきましょう。

材料（2人分）

- ペンネ …… 140g
- ゆで汁用の水 …… 1.5ℓ
- ゆで汁用の塩 …… 12g（水の0.8%）
- ソース
  - ゴルゴンゾーラチーズ（ピッカンテ） …… 60g
  - 生クリーム（乳脂肪分35%） …… 120mℓ
  - パセリ（みじん切り） …… 小さじ1
  - 黒こしょう …… 適量
  - ブランデー …… 小さじ1
- 仕上げ用
  - パルミジャーノ・レッジャーノ …… 大さじ2
  - パセリ（みじん切り） …… 小さじ1

ゴルゴンゾーラチーズには2タイプあって、ここでは、青かび量が多く辛い「ピッカンテ」を使っています。青かびの少ない「ドルチェ（甘口）」タイプを使うときは、味がマイルドなので80gに増量するといいでしょう。ブランデーは、ウイスキー、グラッパ、ウォッカなどの蒸留酒で代用しても。

準備
- ソースを作る前に、ペンネのゆで汁用の水を沸かし、分量の塩を入れてペンネをゆで始める（→p.9）。

1 チーズと生クリームを合わせる。

ゴルゴンゾーラチーズを1cm角に切り、生クリームとともにフライパンに入れる。

> チーズは、早く均一に溶けるように小さく切っておきます。熱いフライパンに入れると焦げやすいので、必ず常温のフライパンに入れてから火にかけます。

2 軽く煮立てて火を止める。

1を中火にかけ、半分くらい沸いて泡立ってきたら火を止める。

> 生クリーム全量が泡立つまで火を入れると、生クリームとゴルゴンゾーラチーズが煮詰まって、味がくどくなります。余熱もあるので、半分沸けば充分。

3 チーズを溶かす。

木べらでチーズをつぶしながら溶かす。

4 パセリと調味料を加える。

3にパセリと黒こしょうをたっぷりふり、ブランデーを入れて混ぜ合わせる。このままペンネのゆで上がりを待つ。

> 生クリームを使う料理に、ブランデーなどの洋酒は必ず入れたいもの。乳臭さが消え、まろやかな風味がつきます。

5 ペンネをソースに入れる。

ペンネがゆで上がったら水気をきり、4のソースに入れる。

> ゆで汁を完全にきってしまわず、少量をまとわせたままソースに入れます。

6 混ぜてソースをからませる。

弱火にかけて、手早く混ぜながらソースに火を入れ、ペンネにからめる。

> 煮詰まり始めると一気に固まってきます。若干ゆるさの残った状態まで火を入れ、次のチーズを加えます。

7 チーズを混ぜて盛りつける。

火を止め、仕上げ用のパルミジャーノ・レッジャーノを2回に分けてふり、そのつどよく混ぜる。温めた器に盛り、パセリをふる。

> パルミジャーノ・レッジャーノを入れると、水分を吸ってソースの濃度が一気に増します。

Chef's voice

この料理でパセリを使うのは、チーズの臭み消しのほかに、青かびの色を補う意味も。イタリア語で青かびチーズを「エルボリナート」といいますが、これ、元の意味はミラノ方言の「エルボリン（＝パセリ）」。青かびチーズはみじん切りのパセリがちりばめられたように見えるからなんです。ゴルゴンゾーラのドルチェタイプを使うときはとくにかびの量が少ないので、パセリをたくさんふりましょう。

きのこはブイヨンいらずの旨みの宝庫。
よく炒めて味を凝縮させてパスタソースに。

きのこのフジッリ

Fusilli ai funghi
（フズィッリ　アイ　フンギ）

フジッリは、合わないソースがない万能パスタ。

「万能のショートパスタは？」と聞かれたら、私は迷わず「フジッリ」と答えます。**具が多くてもほとんどなくてもいいし、肉も魚介でも野菜でも、どんなソースとも合う**。合わないソースはない！　と断言できます。たとえばスパゲッティが定番の「アーリオ・オーリオ」のソースでもおいしいし、グラタンにはマカロニよりもよく合うと思います。溝の多いらせん状の形のおかげでソースがからみやすく、またとろみが少ないソースでも、しなやかで柔らかいフジッリは具と一緒にフォークに刺して食べられることなどが万能の理由です。ペンネよりもずっと融通性がある、すぐれものなんです。

きのこは3種以上をミックスするとおいしい！

　万能ゆえにお決まりのソースや具はありませんが、ここではきのこを使った料理をご紹介しましょう。きのこの種類は何でもかまいませんが、**種類を増やすだけ旨みは倍増するので、最低でも3種類は使ってください**。今回は普通に手に入るしいたけやしめじなど、5種類を組み合わせています。きのこは油で炒めると水分がかなり出ます。これを煮詰めて水分をとばせば、味が凝縮し、ブイヨンも肉の旨みも必要のない、おいしいソースになります。多めの油でしっかり水分が出るまで炒めましょう。

　炒めた後でクリーム煮にすることも多いきのこソースですが、今回はオリーブ油ベースのさっぱりタイプ。この**オイル系にぜひ加えたいのがトマト**です。きのこだけでは単調になりがちな味がトマトの甘みと酸味で引き締まり、深みが出て数段ランクアップ！　水っぽいトマトでは意味がないので、味の濃いミニトマトかフルーツトマトをカットして入れてください。

材料（2人分）

フジッリ …… 140g
ゆで汁用の水 …… 1.5ℓ
ゆで汁用の塩 …… 12g（水の0.8%）

◇ソース

きのこ（マッシュルーム、生しいたけ、エリンギ、しめじ、まいたけなど）…… 150g
ミニトマト …… 6個
にんにく（薄皮をむいてつぶしたもの）…… 3g
レモン汁 …… 小さじ1
塩 …… 小さじ⅓
黒こしょう …… 適量
パセリ（みじん切り）…… 適量
白ワイン …… 大さじ1
エクストラ・ヴァージン・オリーブ油 …… 大さじ3

◇仕上げ用

エクストラ・ヴァージン・オリーブ油 …… 小さじ1
パセリ（みじん切り）…… 少量

準備

◎ ソースを作る前に、フジッリのゆで汁用の水を沸かし始める。

フジッリ

らせん形のパスタで、「エーリケ」の別名もあります。細長くのばした生地を細い棒に巻いてらせん形にしたロングパスタが原型で、南部では今でも手作りされています。

きのこのフジッリの作り方

1 きのことトマトを切る。

マッシュルーム、生しいたけ、エリンギは小片に切り、しめじとまいたけはほぐす。ミニトマトは大きさによって縦半分から4等分に切る。

2 にんにくを炒める。

にんにくとエクストラ・ヴァージン・オリーブ油をフライパンに入れて弱めの中火にかける。フライパンを斜めにし、油が温まってきたら弱火にし、2分弱炒める。

> きのこは油をよく吸うので、一般的なパスタソースよりも油を多めに使います。

3 きのこを入れる。

にんにくが薄くブロンド色に色づいたら取り出し、きのこを入れる。

4 レモン汁を加える。

きのこをひと混ぜしてから、レモン汁を加える。

> レモン汁は風味のほかに色止めの効果もあるので、きのこを入れたらすぐに加えましょう。

5 炒め合わせる。

きのこに火が通るまで炒め続ける。

6 塩と黒こしょうで味つけする。

途中で塩と黒こしょうをふり、さらに炒める。

> きのこの塩味が足りないと頼りない味になります。しっかり塩をふりましょう。

7 残りの具と白ワインを加える。

きのこに完全に火が通ったところで、ミニトマト、白ワイン、パセリ少量を加える。

8 炒め終わり。

水分をとばしながら3分ほど炒め煮にし、フライパンの底に水分が少量が残っているくらいで火を止める。

> 白ワインの水分のほかに、きのことトマトからも水分が出るので、少し煮詰めて味を凝縮させます。

9 フジッリをゆでる。

ゆで汁用の湯を沸かし、分量の塩を入れてフジッリをゆでる（→p.9）。

> フジッリのゆで上がりは、溝を広げて芯の平らなところを触って確かめます。この芯が柔らかくなっていたら、ゆで上がりです。

10 ソースにフジッリを入れる。

フジッリのゆで上がりが近くなったら、**8**のソースを中火にかけて温める。フジッリがゆで上がったら水気をきり、ソースに入れる。

> フジッリはゆで汁を完全にきってしまわず、少量をまとわせたまま入れます。

11 ソースをからませる。

1分ほどよく混ぜながら、フジッリにソースをからませる。

> 塩味を確認して、足りなければゆで汁を加え、その分を煮詰めてください。

12 パセリをふって混ぜる。

パセリのみじん切り小さじ1を全体にふって、さっと混ぜ合わせる。

13 オリーブ油を混ぜる。

火を止め、仕上げ用のエクストラ・ヴァージン・オリーブ油を少量ずつかけて手早く混ぜる。

> オリーブ油は、小さじ1を4回くらいに分けて手早く混ぜれば、少量でも全体に効率よく香りを回すことができます。

14 混ぜ終わり。温めた器に盛る。

ソースの水分がある程度フライパンに残っているくらいで、混ぜ終わり。温めた器に盛り、仕上げ用のパセリをふる。

アルデンテと柔らかさが同居するのが
ファルファッレのおいしさ。

アスパラガスのファルファッレ

Farfalle agli asparagi
(ファルファッレ　アッリ　アスパーラジ)

"蝶"の中心がアルデンテになればゆで上がり。

　ファルファッレはゆで加減がむずかしい、という声をよく耳にします。生地の真ん中の厚い部分がどうしても硬いんです、と。それは、単にゆで方が足りないんです。ゆで上がりを、蝶々形の羽にあたる左右の平たい生地が柔らかくなったかどうかで判断すると、中心が硬いままです。でも中心をちょうどよいアルデンテにすれば問題ありません！　それがファルファッレの正しいゆで方です。当然、"羽"は柔らかくなりますが、それでOK。口に入れたときに、アルデンテと柔らかさが同居する不均一な食感こそが、このパスタの魅力ですから。

牛乳を使ったクリームソースで軽やかに。

　柔らかめのパスタにはクリーム系ソースが合うので、この料理ではグリーンアスパラガスのクリームソースを合わせています。硬い軸をピューレにしてソースのベースにし、柔らかい穂先は小さく切り分けて具に。クリームソースとはいえ、生クリーム100％では煮詰めたときにくどくなるので、牛乳を合わせることがポイントです。牛乳でピューレを作り、これに穂先のソテーと生クリームを加えることで、"コクがあるのに軽い"現代風のクリームソースになります。

　ただ、アスパラガスだけでは旨みが足りません。ベーコン、パンチェッタ、生ハム、普通のハムなど、たんぱく質系の塩気と旨みのワンポイントを加えることが必要です。少しカリッとするくらいに炒めて、仕上げにのせます。最初からソースに混ぜると食感が損なわれますし、塩気が全体に広がってしょっぱくなりすぎます。他にえびやかにのソテーを添えてもいいでしょう。アスパラガスの代わりにズッキーニやかぼちゃでもおいしいです。

材料（2人分）

ファルファッレ …… 140g
ゆで汁用の水 …… 1.5ℓ
ゆで汁用の塩 …… 12g（水の0.8％）

◉ソース
　グリーンアスパラガス（太いもの）
　　　…… 4本（150g）
　牛乳 …… 1/3カップ
　生クリーム（乳脂肪分35％）…… 100mℓ
　ベーコン（細切り）…… 30g
　エクストラ・ヴァージン・オリーブ油
　　　…… 適量
　パセリ（みじん切り）…… 小さじ1弱
　塩 …… ひとつまみ
　黒こしょう …… 適量
　ブランデー …… 小さじ1弱

◉仕上げ用
　パルミジャーノ・レッジャーノ
　　　…… 大さじ2

準備

◉ソースを作る前に、ファルファッレのゆで汁用の水を沸かし始める。

ファルファッレ

「蝶」の意味のショートパスタ。イタリア北部・エミリア＝ロマーニャ州ボローニャあたりが発祥で、手打ちでもよく作られます。

アスパラガスのファルファッレの作り方

1 アスパラガスの根元を切る。

グリーンアスパラガスの下半分の皮を薄くむき、硬い根元を3cmほど切り落とす。

2 アスパラガスを切り分ける。

1の長さを半分に切り、穂先側は小さな斜め切りに、根元側の軸は5mm幅に切る。

3 ベーコンを炒める。

ベーコンとエクストラ・ヴァージン・オリーブ油大さじ1をフライパンに入れて中火にかける。熱くなったら弱火にし、2分ほど炒めて取り出し、温かい場所に置く。

> カリカリにしすぎず、柔らかさを残して。脂身の少ないベーコンは素早く炒めます。

4 アスパラガスの軸を炒める。

2のアスパラガスの軸を**3**のフライパンに入れて、軽く炒める。

> グリーンの色を生かしたいので、焼き色をつけないように注意します。最初は中火で、熱くなったら弱火に。

5 牛乳で煮る。

4に牛乳を加えて中火にし、沸騰させる。弱火にして30秒ほど煮て、火を止める。

> ここでブイヨンの素をひとつまみ入れれば、より旨みが増します。

6 ピューレにする。

熱いうちに**5**をブレンダーの容器に移して攪拌し、ピューレにする。

7 ファルファッレをゆでる。

ゆで汁用の湯を沸騰させ、分量の塩を入れて、ファルファッレをゆで始める（➡p.9）。中心を指でつまんでみて、柔らかくなるまでゆでる。

8 アスパラガスの穂先を炒める。

フライパンに**2**のアスパラガスの穂先とエクストラ・ヴァージン・オリーブ油大さじ½を入れ、中火で軽く炒める。

9 ピューレとゆで汁を加える。

アスパラガスが温まったら、いったん火を止め、**6**のピューレを加える。ゆで汁大さじ2をブレンダーの容器に入れて残ったピューレを溶かし、それも加える。

10 生クリームを加える。

中火にかけ、続けて生クリームを加える。

11 パセリと調味料を入れる。

パセリ、塩、黒こしょうを加えて沸騰させる。弱火にする。

> フライパンからあふれそうになるまで沸かしたら、すぐに弱火に落とします。

12 とろみが出るまで煮詰める。

ゆっくり混ぜながら、とろみが出るまで煮詰める。

> 最初は水分が多いので、とろみがつくまで少し時間がかかります。クリームソースは縁が焦げつきやすいので、縁をはがすように混ぜ続けてください。

13 ブランデーを加える。

火を止め、ブランデーを加えて混ぜる。

> クリーム系ソースは冷めると硬く煮詰まった感じになるので、この段階では多少ゆるめかな、と思うくらいにします。

14 ソースを温める。

ファルファッレのゆで上がりが近くなったら、13にゆで汁大さじ1を加えて中火にかけ、温める。

15 ファルファッレを入れる。

ファルファッレがゆで上がったら水気をきり、14のソースに入れる。

> ファルファッレはゆで汁を完全にきってしまわず、少量をまとわせたままソースに入れます。

16 ソースをからませる

1分ほどよく混ぜながら、ファルファッレにソースをからませる。

> とろみがつきにくくて心配になるかもしれませんが、ファルファッレにまとわりつくくらいで大丈夫。あとでチーズを加えると、まとまってきます。

17 チーズを加えて混ぜる。

火を止めて、仕上げ用のパルミジャーノ・レッジャーノを約大さじ2/3ずつ、3回に分けてふり、そのつど混ぜる。

> チーズを混ぜるときは、必ず火を止め、数回に分けて加え混ぜること。これが、均一に混ぜるコツです。

18 盛りつけてベーコンをのせる。

温めた器に盛り、炒めておいた3のベーコンをのせる。

51

ご紹介した料理の"出身地"マップ

イタリアは国土が南北に長く、海あり、山ありの起伏に富んだ地形から、地域ごとに多彩な食文化が育まれています。本書でご紹介した料理とドルチェ（デザート）も、"イタリア料理"ですが、全部がイタリア全土で食べられているわけではなく、郷土料理も多くあります。また今は全土に広がっていても、元はひとつの町や地域の郷土食だったもの、あるレストランで創り出された料理だったものも！ そのルーツをたどって、イタリア料理マップをまとめました。全国で同時発生的に生まれた料理もありますが、かの地に思いをはせながら作るのもいいですね。

PART 2

おうちでもプロの味を！

ピッツァ・ニョッキ・
リゾット・スープ

日本で人気のイタリアンは、パスタとピッツァ。

でも、イタリアではピッツァは専門店の仕事。

料理人は作りませんが、ここではご家庭で作りやすくて

食事パンにもなるローマ風のピッツァ生地をご紹介。

パスタとともに「プリーモピアット」といわれる

ニョッキ、リゾット、スープもお教えします。

ふわふわ食感だけがピッツァ生地ではありません。
ローマ流はパリッとした噛み心地。

ピッツァ・ビアンカ

ピッツァ　ビアンカ
Pizza bianca

ピッツァの生地は土地ごと、店ごとにいろいろ。

　具もソースものせず、生地だけを焼いたものがピッツァ・ビアンカ、つまり白いピッツァです。具をのせて焼けばいわゆる"ピッツァ"になり、少し厚めに焼けばパンに。薄く焼いてハム・サラミなどとアンティパスト（前菜）として食べたりもします。

　日本では今、もちもち、ふわふわのナポリピッツァが全盛ですが、イタリアのピッツァはそれがすべてではありません。土地により、店により、いろいろなタイプがあるんです。町のパン屋さんの「切り売りピッツァ」は厚切りパンのようなふかふかの生地ですし、ローマピッツァは生地が薄く、パリッとして、切り分けて持ち上げてもたれずに水平を保つしっかり者。私は、これぞピッツァと思っているくらいです。

たっぷりかけるオリーブ油がおいしさのカギ。

　ナポリピッツァは、独特の窯に入れて400℃前後の高温で瞬間的に焼かないと、あの柔らかな食感が生まれません。でも、ローマ風のピッツァ・ビアンカなら家庭のオーブンでも作れます。ナポリ風よりも硬めの焼き上がりですから、噛み締めながらじわじわ広がる旨みを楽しんでください。

　小麦粉は、ここでは薄力粉を使っていますが、強力粉を混ぜてもよいし、強力粉だけでもかまいません。その場合は、こね時間と発酵時間を少し長めに。ふつうのパンと違うのは、焼く前にオリーブ油をたっぷりかけること。かけすぎ？！　と思うくらいの量をかけてこそ、風味も食感もいいピッツァ・ビアンカになるので、思い切ってかけましょう。オーブンの温度が低いと焼き時間が長くかかり、水分がとんで硬くなりがちです。オーブンの最高温度、できれば250℃以上で焼いてください。

材料（作りやすい分量）

◎生地
- 小麦粉（薄力粉）…… 250g
- ドライイースト（インスタント）…… 3g
- 塩 …… 小さじ1
- グラニュー糖 …… 小さじ1
- エクストラ・ヴァージン・オリーブ油 …… 大さじ1
- ぬるま湯（35〜37℃）…… 150ml

小麦粉（打ち粉用。薄力粉）…… 適量

粗塩 …… 3〜5g

エクストラ・ヴァージン・オリーブ油 …… 適量

準備

◉ 天板にサラダ油をごく少量（分量外）ぬり、天板のサイズに切ったオーブンペーパーを敷く。

ピッツァ・ビアンカの作り方

1　小麦粉とイーストを混ぜる。

ボウルに小麦粉を入れ、真ん中にくぼみを作ってドライイーストを入れる。ざっと混ぜる。

> 家庭用のドライイーストは、最近はインスタントが主流です。予備発酵の必要がなく便利で、発酵の力も充分です。

2　その他の材料を加える。

1に塩、グラニュー糖、エクストラ・ヴァージン・オリーブ油、ぬるま湯130mlを加える。

3　材料をまとめる。

手のひらでつかみながら、小麦粉と水分をまとめていく。

4　残りのぬるま湯を加える。

小麦粉が混ざりきる前に、残りのぬるま湯20mlを小さじ1ほどずつ、状態をみながら加えて混ぜていく。

> 柔らかすぎず、硬すぎずの生地になるよう、ぬるま湯の量を調整します。

5　混ぜ終わり。

粉気がなくなるまで混ぜ、ひとかたまりにする。ボウルから生地がはがれるようになれば、混ぜ終わり。

> ボウルの中では、かたまりにまとめるだけ。こねる必要はありません。

6　生地をこね台に取り出す。

こね台に打ち粉をふり、5の生地を置く。生地にも打ち粉をふる。

> 手が生地で汚れているとベタついてこねにくいので、ここでいったん手を洗ってきれいにしてから、こね始めます。

7　叩きつけながらこねる。

台の上で「生地を叩きつける→こねる」をくり返す。台や手に生地が粘りつかなくなるまでくり返す。

> 生地が粘りつきそうになったら、少量の打ち粉をしてください。

8　生地をしっかり練る。

次に、手のひらの付け根で「生地を強く押しのばす→奥から手前に二つ折りにする」作業をくり返す。少しずつ向きを変えながら3〜5分間、しっかり練り込む。

> 練り終わりの目安は、表面にツヤが出て、のばしたときにちぎれなくなる状態。

9　こねた生地を発酵させる。

8を丸く整え、ボウルに打ち粉をふってのせる。ラップかぬれ布巾をかぶせ、室温25℃以上で2〜3時間（またはオーブンの発酵機能で）発酵させる。

> ぬれ布巾の場合は乾いてくるので、1時間ほど経ったらぬらし直しましょう。

10 発酵終了。

最初の2倍近くに膨らめば、発酵終了。写真は発酵終わり。

発酵が終わる頃に、オーブンを250℃に予熱します。

11 生地をガス抜きしてのばす。

準備した天板と手のひらにエクストラ・ヴァージン・オリーブ油をごく少量ぬる。スケッパーでボウルから生地をはがして天板にのせ、指で押してガス抜きする。その後、四方にのばしながら厚さ5mmくらいの四角形に整える。

12 くぼみを作る。

指で下まで押してくぼみを作る。約3cm間隔で全面に。

くぼみをたくさん作るのは、焼いたときに生地の中心が浮くのを防ぐため。イタリアのパンらしくなってきます。

13 粗塩をふる。

生地の全面に粗塩をふる。

塩は、ものによってしょっぱさが異なるので、分量は加減して。

14 オリーブ油をたっぷりかける。

エクストラ・ヴァージン・オリーブ油を、全体にたっぷりかける。

写真のように、くぼみにたまるくらいが適量。この油が旨みになります。刷毛でぬりのばすか、先端の細いディスペンサーを使うと、くまなくかけられます。

15 オーブンで焼く。

まず250℃のオーブン下段に入れて約13分、前後の方向を入れ替え、上段に移して約7分、表面に焼き色がつくまで焼く。

焼き具合は機種によって違うので、時間は目安です。高温設定が可能なら、250～300℃にして、焼き時間を短く。

ピッツァ・ビアンカの生地でアレンジ

[薄くのばしてピッツァに]

ローマ風ピッツァ
Pizza romana

「ピッツァ・ビアンカ（→p.54）」の生地を薄くのばし、具をのせて焼けば、おなじみのピッツァができます。ピッツァはナポリが発祥ですが、ローマで作られたいちばん歴史の古いピッツァが、これ。トマトソースとモッツァレッラチーズの基本材料に、アンチョヴィとオレガノを組み合わせるところが、ローマ風の特徴です。

材料（2枚分）

ピッツァ・ビアンカの生地
（→p.57 10の状態）……200g
トマトソース（→p.14 8の状態）
……1/3カップ
モッツァレッラチーズ……120g
アンチョヴィのフィレ……10g
オレガノ（ドライ）……適量
パルミジャーノ・レッジャーノ
……大さじ1 1/2
エクストラ・ヴァージン・オリーブ油
……小さじ2

> モッツァレッラチーズは、溶けるタイプのチーズで代用できます。

作り方

1. ピッツァ・ビアンカの生地を2等分する。それぞれ直径20cmの円形に薄くのばし、オーブンペーパーを敷いた天板にのせる。

2. モッツァレッラチーズとアンチョヴィを小さく切る。

3. 1の生地にトマトソースを半量ずつぬり、2を散らし、オレガノ、パルミジャーノ・レッジャーノをふってエクストラ・ヴァージン・オリーブ油をかける。

4. 250℃以上に予熱したオーブンに入れ、約10分焼く。

[具をはさんでサンドイッチに]
パニーノ
Panino

パニーノとはイタリアのサンドイッチのこと。焼き上げたピッツァ・ビアンカの厚みを半分に切り分け、野菜、ハム、チーズなど、お好みの具を自由にはさみます。常温のままでも、オーブントースターでホットサンドにしてもおいしいです。

材料（2個分）

ピッツァ・ビアンカ
（→p.57 15の焼いたもの）
…… 適量

Ⓐ ┌ モルタデッラ（薄切り）
　　　…… 適量
　└ スライスチーズ（溶けるタイプ）
　　　…… 適量

Ⓑ ┌ 生ハム（薄切り）…… 適量
　└ ルーコラ …… 適量

> モルタデッラは、「ボローニャソーセージ」とも呼ばれる大判のソーセージ風ハムで、豚の背脂やピスタチオが混ざっています。ボンレスハムやロースハムなど、お好みで自由に代用してください。

作り方

1 焼き上げたピッツァ・ビアンカを適当な大きさに切り、厚みを半分に切り分ける。

2 ひとつにはⒶのモルタデッラとスライスチーズをはさみ、オーブントースターで温めてホットサンドにする。

3 もうひとつは、Ⓑの生ハムとルーコラをはさむ。

[具を包んでスナック風に]
包みピッツァ
Calzoncini

本来は大きなピッツァ生地で作りますが、ここでは小さなサイズでスナック風に。揚げてもおいしいです。詰めもののチーズ、ハム・サラミ類はどんな種類でも。リコッタチーズは柔らかいのでそのまま混ぜますが、固形のチーズなら刻みましょう。

材料（6個分）

ピッツァ・ビアンカの生地
（→p.57 10の状態）…… 180g

◆ 詰めもの
┌ リコッタチーズ …… 120g
│ ボンレスハム（みじん切り）
│　…… 60g
│ 卵 …… 1個
│ パセリ（みじん切り）…… 適量
│ パルミジャーノ・レッジャーノ
│　…… 大さじ1½
└ 塩、黒こしょう …… 各適量

作り方

1 卵を溶きほぐして半量をボウルに入れる。詰めものの他の材料をすべて入れ、混ぜる。

2 ピッツァ・ビアンカの生地を6等分し、それぞれ円形に薄くのばす。

3 2の中心に1の詰めものを⅙量ずつのせ、1で残った卵液を生地の縁にぬる。半分に折って縁を貼りつけ、さらにフォークで縁を押さえて模様をつける。

4 オーブンペーパーを敷いた天板に3を並べ、250℃以上に予熱したオーブンで8〜10分焼く。

じゃがいものゆで方で、ニョッキのできが決まります。
まずは、ホクホクの裏ごしを作ること。

じゃがいものニョッキ、セージバターソース

Gnocchi di patate al burro e salvia

キズのない皮付きじゃがいもをゆでるべし！

　ニョッキの語源は「ノッカ（＝指の関節）」。形状に由来し、もとは小麦粉を練って作るショートパスタの一種でした。今のようにじゃがいもを使うようになったのは19世紀。アメリカ大陸からじゃがいもが伝わって以降と、意外に歴史は新しいのです。

　じゃがいもで作るニョッキのおいしさは、なんといってもフワフワのソフトな口当たり。作り方のポイントはほぼ、この食感を追求するためにあるといえるでしょう。まず、<mark>じゃがいもは皮付きでキズのないものを、ぴったり浸る湯に入れてゆでるのが大原則</mark>。皮をむいたりキズがあると水分を吸いすぎて水っぽくなりますし、ゆで汁が多いとじゃがいもがプカプカと動いて皮がこすれ、むけやすくなるからです。柔らかさを確認しようと途中で串を刺すのもダメ。穴から水が入ってしまいますから。じゃがいもが<mark>熱いうちに裏ごしすることも、裏ごし器に"垂直に"こし出すことも、すべてフワフワ食感のために欠かせない作業</mark>です。

つなぎの小麦粉はじゃがいもの4分の1に。

　ニョッキは、じゃがいもだけでは形がまとまらないので、つなぎに小麦粉を入れます。粉が少なければまとまりにくいし、多ければ硬く、食感が悪くなる。そのバランスが大事で、生のじゃがいもと小麦粉を4：1の重量比で合わせると、ちょうどよい柔らかさになるはずです。打ち粉は控えめを心がけてください。

　小麦粉だけで作っていた大昔は、しっかりこねていましたが、じゃがいものニョッキはその逆。<mark>こねずに、材料をまとめて柔らかなかたまりにするだけ</mark>です。棒状にのばしたり、小さく切り分けるときも、力を入れず、やさしく扱うことを忘れずに。

材料（2人分）

◎**ニョッキの生地**（作りやすい分量。2人分強）
- じゃがいも（男爵。皮付き）…… 400g
- 塩 …… ゆで汁の重量の0.5%
- 小麦粉（薄力粉）…… 100g
- 溶き卵 …… ½個分
- パルミジャーノ・レッジャーノ …… 大さじ1
- ナッツメッグ …… ひとつまみ

小麦粉（打ち粉用。薄力粉）…… 適量
ニョッキをゆでる塩（下ゆで用と本ゆで用）…… 各ゆで汁の重量の0.8%
氷水 …… 適量

◎**セージバターソース**
- バター（小角切り）…… 30g
- セージの葉 …… 4枚

◎**仕上げ用**
パルミジャーノ・レッジャーノ …… 大さじ3

ニョッキ生地の保存

◉ ニョッキ生地は冷凍や冷蔵で保存できます。

【ゆでる前の生地】

成形したニョッキ（→p.63 ⑩または⑪）を、トレイなどに広げ、ラップをかけて冷凍し、固まったらビニール袋に詰め替えて冷凍庫へ。

【下ゆでした生地】

下ゆでして氷水で締めたニョッキ（→p.63 ⑬）を、水分をきって容器に平らに入れ、ラップをかけて冷蔵庫へ。翌日には使いきりましょう。

じゃがいものニョッキ、セージバターソースの作り方

1 じゃがいもをゆでる。

鍋にじゃがいもがぴったり浸る量の水と分量の塩を入れ、じゃがいもを入れる。オーブンペーパーを丸く切ってかぶせ、蓋をして強火にかける。沸騰したら弱火にして25～30分ゆでる。

> オーブンペーパーは落とし蓋代わり。

2 熱いうちに皮をむく。

柔らかくゆで上げたら、水をきって熱いうちに皮をむく。乾いた布巾で持つとよい。

> じゃがいもが冷めると皮がむきにくくなります。また身も締まって裏ごししにくく、粘りが出てしまいます。ホクホクの裏ごしを作るために、ここは手早く。

3 裏ごしする。

じゃがいもを横半分に切り、切り口を下に向けて置く。つぶしながら裏ごしする。

> 平らな断面を下にして置くと、裏ごしがラク。木べらを真上から垂直に押してつぶします。横にすべらせると、粘りが出てネチャッとするので厳禁！

4 じゃがいもの粗熱をとる。

裏ごし後のじゃがいもはホクホク、フワフワの状態。フォークで広げて、こもった蒸気をとばしながら粗熱をとる。

> こし器の網の裏についたじゃがいもはこそげ取らないように。こし器を木べらで叩いて落とします。

5 チーズ、小麦粉、卵を混ぜる。

4の広げたじゃがいもにパルミジャーノ・レッジャーノ、小麦粉、溶き卵、ナッツメッグをのせる。

6 中央に寄せながら均一に混ぜる。

周りのじゃがいもをスケッパーですくって中央に集めたり、卵のある部分を切ったりしながら生地をまとめていく。

> 生地は押し固めないように！ ふんわり感を保ちながら、材料が均一になるよう寄せていきます。

7 手でまとめてかたまりにする。

中心に集めた生地を、手でやさしくつかんでひとつのかたまりにまとめていく。

> ここでも軽く、軽くを心がけて。こねたり、力を入れて固めたりせず、ふんわりと棒状に整えていきます。

8 棒状に成形する。

生地を太い棒状にする。5等分に切り分け、切り口に打ち粉をふって、1個ずつ手のひらで転がして直径1cm強の棒状にする。

> 打ち粉は最小限に。表面に粉をつけすぎると、成形の途中で粉の面がくっつかず、生地が割れやすくなります。

9 1cm強の小片に切る。

幅1cm強に切り分けて、全体に打ち粉をふってさっとからませる。このあと10と11のいずれかの方法で成形する。

> ここでも、打ち粉は最小限に。

10 くぼみをつけて成形。

9を切り口を上下にして置き、親指で押してくぼみを作る。

9のままでもよいですが、くぼみや筋をつけるとソースのからみがよくなります。親指を生地に斜めにのせ、手前から向こうへ転がす感じで押します。

11 筋をつけて成形。

9を切り口を左右に向けてフォークの溝の上にのせ、指先で転がして筋をつける。

生地はフォークの溝に対して斜めに置きます。親指の側面を生地と平行にのせ、軽く押しながら転がすと、筋のついた紡錘形に丸まります。

12 生地を下ゆでする。

下ゆで用の湯を沸かし、分量の塩を加えて10または11を入れる。生地がくっつかないよう木べらで軽く混ぜ、強火でゆでる。すべて浮き上がったら、ざるですくう。

下ゆですると打ち粉が取れ、形もきれいに残ります。

13 氷水で締める。

すくい取った生地を氷水に入れる。軽く手で混ぜてぬめりを取り、生地を引き締める。ざるに上げて水分をきり、平らな皿などに広げる。この状態で冷蔵保存できる。

平らな皿に広げておくと、14で本ゆでするときに一気にすべり落とせてラクです。

14 生地を本ゆでする。

本ゆで用に新しく湯を沸かし、分量の塩を加えて13の生地を入れる。一度かき混ぜて、強火のままゆでる。すべて浮き上がったらざるなどですくい、器に盛る。

ニョッキ生地自体には塩を入れず、ゆで汁に入れます。パスタと同じですね。

15 セージバターソースを作る。

小鍋にバターとセージの葉を入れ、弱火にかけてバターを溶かす。14のニョッキに仕上げ用のパルミジャーノ・レッジャーノをふり、あつあつのソースをセージごとかける。

バターは泡が立つまで火を入れて風味を立たせます。焦がさないように。

イタリアでは、トマト味のニョッキも定番！

じゃがいものニョッキ、トマトソース

Gnocchi di patate al pomodoro

ニョッキはセージバターソースが「基本のき」ですが、トマトソースとの相性も抜群。トマトソースを温めてバターを溶かし、ニョッキと和えるだけです。

材料（2人分）

じゃがいものニョッキ（→p.60）…… 全量
トマトソース（→p.14 8の状態）…… 全量
バター（小角切り）…… 20g
パルミジャーノ・レッジャーノ
　　…… 大さじ1½
黒こしょう …… 適量

作り方

1 ニョッキを62〜63ページ1〜14と同様にして作り、ゆでる。

2 フライパンにトマトソースを入れて温め、バターを加えて溶かす。

3 1のゆで上がったニョッキを2に入れて和え、器に盛る。パルミジャーノ・レッジャーノと黒こしょうをふる。

要は煮方次第！
日本の米でもおいしく作れます。

パルミジャーノのリゾット

Risotto al parmigiano
(リゾット　アル　パルミジャーノ)

リゾットは弾力があって柔らかい米料理。

　ときに「洋風雑炊」と訳されるリゾットですが、料理としてはまったく別モノ。リゾットに液体分は残らないし、米同士がつながっているのでフォークですくっても溝から落ちません。米粒はといえば、つぶれるような柔らかさではなく、弾力のある柔らかさ。芯を残すのではなく、もともと粒全体にネッチリした弾力のある米を、そっくり生かすように煮るのです。ただ、その硬さはイタリア南北で差があります。伝統的に米どころの北部は驚くほど硬く、南部は少し柔らかめ。だから、硬めの仕上がりを意識しながらも、あまり神経質になることはありません。

少し多めの水分で煮て、粘らせません！

　米はイタリア米のほうがベタつきにくくラクにできますが、日本の米でも、煮方にさえ注意を払えば充分おいしくできます。ポイントは水分のコントロール。早め早めに、そして心持ち多めにブイヨンや湯を注ぎ、つねに水分が多めの状態で煮ることです。水分が少ないと、焦げつかないよう混ぜる回数が必然的に増えますね。でも多めであればゆっくり混ぜられ、それだけ粘りが出にくくなるというわけです。鍋の大きさは2人分で直径20〜22cmが最適。大きすぎ、小さすぎは水分のコントロールがむずかしくなります。また、水分は煮詰まっていくので、ブイヨンは薄味がベター。今回のレシピは最初だけブイヨンを使い、2回目以降は湯を使います。問題なくおいしいです。

　リゾットは平らに盛るのが決まりですが、山形に盛って、皿の底をトントンと叩いて平らにするのがプロのやり方。くずれ具合で、濃度の良否もわかるんです。すぐに広がると濃度が薄すぎ、広がらないと煮すぎ。きれいに平らになるのが、完璧の証です。

材料（2人分）

- 米（日本米）…… 150g
- サラダ油 …… 大さじ1
- 白ワイン …… 大さじ2
- ブイヨン（熱いもの）…… 400㎖
- 湯 …… 約400㎖
- 塩 …… ひとつまみ
- バター（小角切り）…… 30g
- パルミジャーノ・レッジャーノ …… 大さじ4

米の量は、1人分70g×人数＋10gで計算しましょう。10gはイタリアでは"鍋の分"といって、鍋にこびりつく分を想定しています。

イタリア米と日本米

下写真左がイタリア米のなかでももっとも大きく、リゾットに最適な品種のカルナローリ。右が日本米。ともにジャポニカ種ですが、大きさも質も違います。イタリア米は水分が少ないのでブイヨンや湯の浸透がゆっくりで弾力が残り、粒の形もしっかり残ります。日本米は水分が多く粘りがあるので早く柔らかくなり、ベタつきやすいので、気持ち短めに煮上げるといいでしょう。

パルミジャーノのリゾットの作り方

1 米を炒める。

鍋にサラダ油と米を入れ、弱火にかけて炒める。米は洗わずにそのまま使う。

> 弱火を守りましょう。米を鍋底に広げながら煎る感覚です。イタリアではこの作業を「トスターレ(煎る、トーストする)」といいます。

2 米の炒め終わり。

米が透き通ってくれば、炒め終わり。

> 米には焼き色をつけないように。リゾットに不要な香ばしさがついてしまいます。煮たときに煮くずれないよう、油の膜を作るのが目的です。

3 白ワインを加える。

2に白ワインを入れて火を強め、米になじませながらアルコール分をとばす。

4 ブイヨンを入れる。

熱いブイヨンを入れて、火加減を弱火に戻す。

> ブイヨンが冷たいと沸くまでに時間がかかり、米に必要以上に火が入ってしまいます。必ず熱い状態で加えます。

5 ときどき混ぜながら煮る。

鍋底についた米をはがす感覚で、ときどき木べらで混ぜる。

> ずーっと混ぜ続けると、必要以上に粘りが出ます。焦げつかせない程度に、"ときどき"で充分。

6 軽い沸騰状態で3分半煮る。

火加減は、クツクツクツと軽い沸騰状態を保つ弱火。3分半くらい煮る。

7 湯を加えて煮る。

浮いてくる気泡がはじけ、表面にポツポツと穴が開き始めたら、1回目の湯を加え、煮始める。最初は100mlほど、米がちょうど隠れるくらいに入れる。

8 ときどき混ぜながら煮る。

5と同じように、ときどき混ぜ返しながら煮る。

9 "湯を加えて煮る"をくり返す。

水分が減って煮詰まった感じになったら、2回目の湯を加え、8のように煮る。2分間隔を目安に、5〜6回くり返す。

> ここからは、米が水面より少し顔を出すくらいに湯を入れます。煮上がってくる後半は、徐々に加える量を少なめに。

10 煮上がり。

4でブイヨンを入れてから、15分ほどで煮上げる。硬めに煮上げるときは、用意した湯を全量使いきらなくてよい。

米粒は硬すぎず、粘りすぎず、そしてつぶれずに弾力があること。鍋の中では、米粒がねっとりまとまっています。

11 塩をふる。

塩をふり、ひと混ぜして火を止める。

12 バターを混ぜる。

バターを入れて、素早く混ぜる。

バターは小さく切り分けておくと、早く均一に溶けます。

13 チーズの半量を加える。

バターが完全に溶けきる前に、パルミジャーノ・レッジャーノの半量を全体にふり入れ、素早く混ぜる。

チーズを全量、一気に入れると、一か所で固まってしまいがち。半分ずつ全体にふりかけて、均一に混ぜていきます。

14 残りのチーズを加える。

残りのパルミジャーノ・レッジャーノを全体にふり入れ、混ぜる。

15 皿に盛って平らにする。

皿に盛り、すぐに皿の底をトントンと強く叩いて平らにならす。

山形のままにしておくと、余熱で中央の盛り上がった部分の米が柔らかくなっていきます。盛ったらすぐに平らに！

Chef's voice

伝統的なリゾットのレシピには必ず、風味づけに玉ねぎのみじん切りが入っています。でも、最近はブイヨンが肉から野菜主体になるなど、ライト志向になっており、その流れで玉ねぎも使われなくなってきました。じつは、私も玉ねぎナシ派！　使うなら、くし形切りひと切れを米と一緒に炒めて香りづけするくらいで充分でしょう。

リゾットはフォークで食べる料理で、軽くならすように押し広げてスッとすくい上げます。フォークにはカーブがないので、差し込むだけでたっぷりのって、量も調整しやすい。それに大口を開けずに食べられ、見た目もエレガントです。米同士がくっついているからフォークの溝から落ちることもありません。もし落ちたら、失敗作ですよ！

パルミジャーノのリゾットの展開レシピ

基本となるパルミジャーノのリゾットをアレンジして食材をプラスするだけで、バリエーションが広がります。具はそれぞれ下ごしらえをしておいて、米を煮ている途中で加えます。仕上げはバターとパルミジャーノ・レッジャーノを混ぜて風味と濃度をつけるのが伝統の手法ですが、最近はさっぱりと仕上げるためにオリーブ油を使うことが増えています。ここでも食材との相性によって、バターとオリーブ油を使い分けます。

＋サフラン
ミラノ風リゾット
Risotto alla milanese
（リゾット　アッラ　ミラネーゼ）

材料（2人分）
- 米（日本米）…… 150g
- サフラン …… 0.25g
- ぬるま湯 …… 1/3カップ
- サラダ油 …… 大さじ1
- 白ワイン …… 大さじ2
- ブイヨン（熱いもの）…… 400㎖
- 湯 …… 約400㎖
- 塩 …… ひとつまみ
- バター（小角切り）…… 30g
- パルミジャーノ・レッジャーノ …… 大さじ4

作り方
1. サフランをぬるま湯に10分ほど浸してもどす。もどし汁が濃いオレンジ色になるまでおく（左下写真）。
2. 「パルミジャーノのリゾット（→p.64）」と同様に煮始め、10分ほど煮た頃（→p.66 9）に1のサフランをもどし汁ごと入れ、同様に煮上げる。
3. 仕上げに塩で味をととのえ、火を止めてバターを混ぜ、さらにパルミジャーノ・レッジャーノを半量ずつ混ぜる。
4. 皿に盛って平らにならす。

サフランで香りと色をつけたのがミラノ風。具は入りません。リゾット発祥の地ミラノでは、単にリゾットといえばサフラン入りを指すくらい、いちばんの基本です。サフランは最初から入れると色も香りもとびやすいので、煮る途中、だいたい半ばに加えます。鮮やかな黄色や香りが出るよう、分量をしっかり使ってください。

材料（2人分）
米（日本米） …… 150g
ポルチーニ（ドライ） …… 10g
ぬるま湯 …… ½カップ
サラダ油 …… 大さじ1
白ワイン …… 大さじ2
湯 …… 約700mℓ
塩 …… ひとつまみ
黒こしょう …… 適量
バター（小角切り） …… 30g
パルミジャーノ・レッジャーノ …… 大さじ3
パセリ（みじん切り） …… 適量

作り方

1. ポルチーニをぬるま湯に15分ほど浸してもどす（左下写真）。水分を絞り、細かく刻む。もどし汁はこして取っておく。

2. 「パルミジャーノのリゾット（→p.64）」と同様に煮るが、最初から湯で煮始め、10分ほど煮た頃（→p.66 9）に1のドライポルチーニともどし汁を入れ、同様に煮上げる。

3. 仕上げに塩、黒こしょう、パセリで味をととのえ、火を止める。バターを混ぜ、さらにパルミジャーノ・レッジャーノを半量ずつ混ぜる。

4. 皿に盛って平らにならし、パセリをふる。

＋ドライポルチーニ

ポルチーニのリゾット

Risotto ai funghi porcini

ドライのポルチーニは干ししいたけと同様、もどし汁に旨みがあります。生のポルチーニも、このもどし汁の旨みにはかないません。リゾットを煮るときも、このもどし汁と湯だけで充分！　ブイヨンを使わなくてもいいんです。さらにしいたけ、しめじ、エリンギなど生のきのこを一緒に使ってもいいでしょう。その場合はドライポルチーニを半量に減らし、生のきのこは別に炒めて、ポルチーニと一緒に加えて煮上げます。食感や風味の変化も出て、楽しいリゾットになります。

パルミジャーノのリゾットの展開レシピ

＋魚介＆トマト
魚介のリゾット
Risotto alla pescatora
リゾット アッラ ペスカトーラ

おなじみの魚介のパスタ、「スパゲッティ・ペスカトーラ」のリゾット版。最初から米の中に魚介を入れると、火が入りすぎて硬くなります。そのため、あらかじめえび、いか、あさりなどをトマト味でさっと煮ておいて、米と合わせるのは必ず半分以上煮たタイミングにします。魚介を煮た煮汁にはだしが出ているので、この煮汁をブイヨン代わりに使います。また、魚介にチーズの味は合わないので、このリゾットだけはパルミジャーノ・レッジャーノを使いません。オリーブ油のみで風味と濃度をつけます。

材料（2人分）
米（日本米）…… 150g
サラダ油 …… 大さじ1
白ワイン …… 大さじ2
湯 …… 約600㎖
塩 …… ひとつまみ

○魚介のトマト煮
┌ むきえび …… 100g
│ やりいか（小）…… 1ぱい
│ あさり（殻付き）…… 240g
│ ムール貝（殻付き）…… 8個
│ ホールトマト（缶詰）…… 200g
│ にんにく（薄皮をむいたもの）…… 5g
│ 白ワイン …… 大さじ2
│ ピュア・オリーブ油 …… 大さじ1
└ 塩 …… ひとつまみ
エクストラ・ヴァージン・オリーブ油
　　…… 大さじ1
パセリ（みじん切り）…… 適量

作り方

1 にんにくをつぶし、やりいかは筒切りにする。ホールトマトはボウルに入れて泡立て器でつぶす。

2 あさりとムール貝を、それぞれフライパンに入れて水少量（分量外）を加え、蓋をして強火にかける。殻が開いたら火を止め、殻から身を取り出す。蒸し汁はこして取りおく。

3 にんにくをピュア・オリーブ油で炒め、薄く色づいたらえびとやりいかを入れて炒める。表面に火が入ったら白ワインを入れて煮立たせる。あさりとムール貝のむき身、その蒸し汁、ホールトマトを加え、ひと煮立ちさせて塩で味をととのえる（左写真）。

4 「パルミジャーノのリゾット（→p.64）」と同様に煮るが、**3**の煮汁をブイヨンの代わりに加える（足りない分は湯を使う）。

5 米を10分ほど煮た頃（→p.66**9**）に**3**の魚介を入れ、同様に煮上げる。

6 塩で味をととのえ、火を止めてエクストラ・ヴァージン・オリーブ油を混ぜる。

7 皿に盛って平らにならし、パセリをふる。

＋野菜
野菜のリゾット
Risotto all'ortolana
リゾット　　アッロルトラーナ

イタリアでは、野菜づくしの料理を「オルトラーナ＝菜園風」と呼びます。ここでは基本野菜を色とりどりに組み合わせ、米粒に合わせて小さく切って、ゆでたり炒めたりしてから米と混ぜ合わせます。ミニトマトはその酸味が、重くなりがちなリゾットを爽やかにしてくれて効果的。仕上げの油脂もバターでなく、オリーブ油でさっぱりと仕上げます。

材料（2人分）

米（日本米） …… 150g
サラダ油 …… 大さじ1
白ワイン …… 大さじ2
ブイヨン（熱いもの） …… 400ml
湯 …… 約400ml
塩 …… ひとつまみ

✿野菜の下ごしらえ

　にんじん（粗みじん切り） …… 15g
　セロリ（粗みじん切り） …… 15g
　ズッキーニ（粗みじん切り） …… 20g
　パプリカ（赤、黄。各粗みじん切り）
　　　　…… 各15g
　ミニトマト（4つ割り） …… 4個分
　グリーンピース …… 20g
　塩 …… 適量
　ピュア・オリーブ油 …… 大さじ¾

パセリ（みじん切り） …… 適量
エクストラ・ヴァージン・オリーブ油
　　　…… 大さじ¾
パルミジャーノ・レッジャーノ …… 大さじ2

作り方

1 にんじん、セロリ、ズッキーニを一緒に、約5分塩ゆでする。パプリカ、グリーンピースはそれぞれ3分ずつ塩ゆでする。ともにざるにあけて水分をきる。

2 ピュア・オリーブ油で**1**のにんじん、セロリ、ズッキーニ、パプリカを炒める。表面に油が回ったら、ミニトマトを入れて炒め、トマトが少し柔らかくなったら火を止める。野菜の準備終わり（左写真）。

3 「パルミジャーノのリゾット（➡p.64）」と同様に煮始め、10分ほど煮た頃（➡p.66 **9**）に**2**の野菜を入れる。煮上がり間際に**1**のグリーンピースとパセリを入れ、塩で味をととのえる。

4 火を止めて、エクストラ・ヴァージン・オリーブ油を混ぜる。さらにパルミジャーノ・レッジャーノを半量ずつ混ぜる。

5 皿に盛って平らにならす。

野菜の旨み、甘みたっぷりの
イタリアの具だくさんスープ。

ミネストローネ

ミネストゥローネ
Minestrone

液体より具の多い、食べるスープ。

　ミネストローネは「野菜スープ」のことですが、具だくさんで
あることが絶対条件！　飲むスープではなくて、液体よりも具が
多い食べるスープなんです。野菜が少量浮いているようでは、
ダメですよ。

　材料は香味野菜（玉ねぎ、セロリ、にんじん）と豆、穀類（パ
スタか米）、この3種が必須で、これらがそろってさえいれば、あ
とは自由。今回はキャベツ、ズッキーニ、じゃがいも、トマト、グ
リーンピースを加えましたが、ゆでたほうれん草やさやいんげん、
レタスの外側の硬い葉などもいいですね。

煮る前に野菜を蒸し炒めにして味を濃縮。

　ミネストローネの作り方でもっとも大切なのは、最初に“蒸し
炒め”をして、野菜の味を濃く、深くすること。最初からたっぷり
の水分に野菜を入れたら、香りだけが引き出されたブイヨンのよ
うになってしまいます。野菜を油で炒め、蓋をして蒸し煮にして
水分を引き出し、次にその水分をとばすように炒める──これを
野菜ごとにくり返して旨み、甘みを凝縮させるのです。そして野
菜を炒め終えたところで初めて水分を加え、溜めた旨み、甘みを
水分に移す。これがミネストローネに欠かせないプロセスなん
です。でき上がりは野菜が少し煮くずれた感じになりますが、そ
れでこそミネストローネ。自然のとろみが旨みを引き立てます。

　レストランでは水分はすべてブイヨンを使いますが、ご家庭
では1回目に入れる水分にスープの素などを使ったブイヨンを
入れれば、2回目は湯で充分。ベーコンがあれば最初の蒸し炒
めで入れるといいでしょう。確実に旨みが出るので、ブイヨンを
使わなくても大丈夫です。

材料（2人分）
玉ねぎ …… 10g
セロリ …… 40g
にんじん …… 40g
キャベツ …… 30g
ズッキーニ …… 40g
じゃがいも（男爵。皮をむいたもの）…… 140g
グリーンピース（冷凍またはゆでたもの）…… 30g
白いんげん豆（水煮缶）…… 60g
ホールトマト（缶詰）…… 70g
パスタ …… 30〜40g
ローリエ …… 1枚
パセリ（みじん切り）…… 大さじ1
ブイヨン（または湯）…… 約150㎖
湯 …… 約400㎖
エクストラ・ヴァージン・オリーブ油 …… 大さじ1½
塩 …… 適量

豆は白いんげん豆のほか、ひよこ豆や赤いんげん豆でもかまいません。パスタは、スパゲッティなどを2〜3㎝に折るか、スープ用のミニパスタを。冷やご飯を使うなら、½膳分を最後に入れましょう。

| ミネストローネの作り方 |

1 野菜を切る。

玉ねぎは粗みじん切りに、そのほかの野菜（セロリ、にんじん、キャベツ、ズッキーニ、じゃがいも）は約1cm角に切る。

2 パスタをゆでる。

鍋に湯を沸かし、パスタを入れ、柔らかくゆでる。そのまま湯に入れておく。

> アルデンテでもかまいませんが、柔らかいほうがスープになじみます。塩は入れても入れなくてもかまいません。

3 玉ねぎを炒める。

鍋に玉ねぎとエクストラ・ヴァージン・オリーブ油を入れて中火にかける。温まってきたら弱火にし、色づけないように炒める。

> 玉ねぎのツンとした刺激のある香りがとんで、なくなればOKです。

4 セロリとにんじんを加える。

セロリとにんじんを入れ、軽く炒め合わせる。蓋をして30秒ほどおいて野菜の水分を引き出してから、蓋を取って水分をとばしながら炒める。

> 野菜を炒める順番は硬いものから。1～2分間隔で蒸し炒めをくり返します。

5 キャベツを加える。

4にキャベツを入れ、軽く炒め合わせたのち、蓋をして30秒ほどおき、水分を引き出す。

6 炒め合わせる。

蓋を取って、水分をとばしながら炒め合わせる。

7 ズッキーニとじゃがいもを加える。

ズッキーニとじゃがいもを入れて炒め合わせる。蓋をして30秒ほどおき、水分を引き出す。蓋を取って水分をとばしながら炒める。

8 ホールトマトを加える。

ホールトマトを入れて炒め合わせ、蓋をして30秒ほどおき、水分を引き出す。

> トマトを水分に直接入れるとトマトスープ風になってしまいます。少量のトマトを野菜と炒め合わせておくのがコツ。

9 ブイヨンを加える。

ローリエを入れ、ブイヨンを野菜の高さの半分以下に注ぐ。

> 最初の水分量は少なめ、150mℓ前後です。

10 蓋をして5分煮る。

蓋をして、強火で沸騰させた後、中火にして4～5分煮る。

> 炒めた野菜を少なめの水分で"炒めるように煮る"ことで、野菜の甘みとコクを引き出します。

11 第1段階の煮上がり。

野菜が煮上がった状態。じゃがいもはまだ完全に火が入っていない。

12 白いんげん豆を加える。

白いんげん豆を入れ、炒め合わせる。

> 豆が水分を吸収したり、蒸発するので、1分くらいで水分がなくなってきます。

13 湯を加えて煮る。

湯をひたひたまで注ぎ、強火にする。沸騰したら弱火にして12分ほど煮る。

> 約400mℓを目安に、ひたひたにします。

14 第2段階の煮上がり。

じゃがいもが柔らかくなれば、煮上がり。

> 野菜は充分に柔らかくなり、煮汁にも野菜の甘み、旨みが溶け出し、おいしいスープになっています。

15 パスタを加える。

2のパスタをゆで汁に入れたまま温め直し、湯をきって14の鍋に加え、温める。

16 残りの具を加える。

グリーンピースとパセリを加えて温め、塩で味をととのえる。ここで火を止める。

17 煮上がり。

作り始めてから約30分ででき上がり。ローリエを除き、器に盛る。

> 皿に盛ったあと、お好みでパルミジャーノ・レッジャーノやエクストラ・ヴァージン・オリーブ油をかけてください。

Chef's voice

パスタはロングパスタを短く折ってもいいですが、ふだんから折れたり欠けたりした破片を取りおいて使うと、ムダがないし折る手間も省けます。ペンネなら、ゆでて薄く斜め切りに。パスタは乾麺のままスープに入れると、水分量の調整や煮込み時間の見極めがむずかしいので、別ゆでして加えましょう。

のど越しのよさを味わうのが、今風の豆のスープ。

白いんげん豆のクリームスープ

Crema di fagioli

豆と野菜のピュアな旨みを味わいます。

　白いんげん豆、うずら豆、ひよこ豆、レンズ豆、黒目豆など、イタリア料理では乾燥豆をよく使います。豆がごろごろ入ったスープは各地に郷土料理がたくさんありますが、最近は、ピューレ状のクリームスープが人気のようです。粒のままの豆は噛んでいるとすぐに満腹になってしまいますが、ピューレなら噛まなくていい、のど越しがいいというのが理由です。

　ここでもそんなスープをご紹介しましょう。基本材料は、豆と香味野菜。**バターや生クリーム、牛乳、チーズは使いません。豆のピュアな旨みを生かすため**で、塩も控えめなくらいがちょうどいい。玉ねぎやにんじんを炒めるときに、ローリエも一緒に炒めてください。このハーブ、香りづけだけでなく旨み出しにもなるんです。

どんな豆でもおいしくできます。

　イタリアでは豆好きの土地としてトスカーナ州が有名ですが、今回はそのトスカーナ特産の「カンネッリーニ」という白いんげん豆を使いました。うずら豆系の茶色い「ボルロッティ」を使うことも多いです。どちらも水煮缶が輸入されているので、それを使うもよし、日本の白いんげん豆、うずら豆、赤いんげん豆でもおいしく作れるので、**水煮缶などを利用して手軽に作ってみてください**。今回はトマトも少量入れたので、仕上がりがオレンジ色になっています。

　クリームスープには、味と食感のアクセントとしてカリカリに焼いたクルトンをのせるのが定番ですが、苦みのある野菜も合います。赤チコリなら生で、菜花系ならゆでて細かく刻み、少量をのせます。もったりした口当たりのクリームスープに、爽やかな風味と食感が心地よいです。

材料（2人分）

- 白いんげん豆（水煮缶）…… 300g
- にんにく（みじん切り）…… 1g
- エクストラ・ヴァージン・オリーブ油 …… 大さじ2弱
- 玉ねぎ（みじん切り）…… 15g
- セロリ（みじん切り）…… 15g
- にんじん（みじん切り）…… 10g
- ホールトマト（缶詰）…… 90g
- ローリエ …… 1/2枚
- ブイヨン（または湯）…… 100mℓ
- 湯 …… 約90mℓ
- 黒こしょう …… 適量
- 塩 …… 適量

◎仕上げ用
- エクストラ・ヴァージン・オリーブ油 …… 適量
- バゲット、食パンなど …… 適量

ここで使ったのは、イタリアから輸入されている水煮缶の白いんげん豆「カンネッリーニ」。日本の白いんげん豆よりひと回り小さく、上品な旨み。

白いんげん豆のクリームスープの作り方

1 仕上げ用のクルトンを作る。

パンを1cm角に切り、オーブントースターで焼くか、フライパンに入れて火にかけ、乾煎りする。カリッとするまで焼く。

2 にんにくを炒める。

鍋にエクストラ・ヴァージン・オリーブ油とにんにくを入れ、弱めの中火にかける。温まったら弱火にし、ブロンド色に炒める。

> 鍋を傾け、にんにくを油に完全に浸けると、手早くきれいに炒められます。

3 香味野菜を加えて炒める。

玉ねぎ、セロリ、にんじんとローリエを加えて炒める。

> 野菜に完全に火を入れ、それぞれの香りと旨みをぐっと凝縮させます。

4 ホールトマトを加えて炒める。

香味野菜を鍋の縁に寄せ、ホールトマトを中央に入れてつぶしながら炒め、香味野菜と炒め合わせる。

> トマトだけを30秒ほど炒めて水分をとばし、味を凝縮させてから香味野菜と混ぜてなじませるようにします。

5 白いんげん豆を加える。

白いんげん豆は水気をきって加え、さっと炒め合わせる。

6 ブイヨンを加えて煮る。

ブイヨンを加え、5分ほど煮る。黒こしょうをふり、火を止め、ローリエを除く。

> 水量はひたひた程度。煮て、豆に凝縮した野菜の風味を移します。黒こしょうは、香りを生かすため煮上がりに。ミルで5回しほど、やや多めにかけます。

7 ブレンダーで攪拌する。

鍋に入れたまま、ブレンダーで攪拌してピューレにする。

> 材料がとろとろのピューレになるまで、しっかり回しましょう。

8 湯でのばす。

湯を加えてのばし、中火にかけて温める。塩で味をととのえる。

> ピューレにすると、煮詰まったようなもったりした重さが出ます。湯でのばして、のど越しのよい濃度にします。

9 でき上がり。

とろっとした仕上がりになればでき上がり。器に盛り、1のクルトンをのせて、仕上げ用のエクストラ・ヴァージン・オリーブ油をやや多めにかける。

PART 3

ワインと楽しむ

アンティパスト・
セコンドピアット

日本のご家庭なら、パスタともう1皿、アンティパスト（前菜）または

セコンドピアット（メインディッシュ）があれば充分、

というかたも多いでしょう。

アンティパストは野菜を使った作りおきできるものもあって便利です。

セコンドピアットは手に入りやすい素材を使ったものばかり。

ワイングラス片手に楽しみましょう。

しっかり焼いてオリーブ油をたっぷり。
それだけでおいしい。

ブルスケッタ

Bruschetta

香ばしく焼くと本場らしさがアップ。

　ブルスケッタとは、ガーリックトーストのこと。基本は**にんにく、オリーブ油、塩、こしょうで味つけしたプレーンなトースト**のことで、これを「ブルスケッタ・アッラ・ロマーナ（＝ローマ風ブルスケッタ）」といいます。

　日本では、小角切りにしたトマトをのせたブルスケッタがよく知られていますね。それはバリエーションのひとつ。野菜、チーズ、ゆで豆、魚介など、何でものせられます。

　もともと、ブルスケッタは田舎パンのようなドーム形のパンで作っていたので、田舎パンのほかにもパリジャン、バタールのような太いフランスパンを厚切りにして大判に作ると、本場らしくなります。バゲットだとやや細すぎます。ブルスケッタの語源は「焦がす」。ですから、**しっかり香ばしく焼き色をつける**ことも大切です。

焼いてから1〜2日経ったパンを使いましょう。

　パンの厚みは1.5cmくらいがいいでしょう。焼きたてのパンは水分が多くて柔らかすぎるので、ブルスケッタには向きません。ビニール袋に入れて冷蔵庫（冬なら気温の低い所）で1〜2日おくと、生地が密になって、歯ごたえがよくなります。切り分けて冷凍したものをそのまま焼いてもかまいません。

　ちなみに、ブルスケッタは古代ローマ時代から食べられてきた一番古いアンティパスト（前菜）で、ローマには「ブルスケッテリーア」と呼ばれる専門店もあるくらいです。

◆ 基本のブルスケッタ

材料（4個分）

パン（田舎パン、パリジャン、バタールなどの
　厚切り。約1.5cm厚さ）…… **4枚**

にんにく（薄皮をむいて半分に切ったもの）
　…… **小ひと切れ**

エクストラ・ヴァージン・オリーブ油
　…… **大さじ4**

塩、黒こしょう …… **各適量**

パンはビニール袋に入れて冷蔵庫に1〜2日おいたものがおすすめ。

81

基本のブルスケッタの作り方

1 パンを焼く。

オーブントースターなどで香ばしく焼く。

> 焼き網、グリル板、フライパンでもOK。トースターのみだと乾燥してバリバリになりやすいので、後半を直火焼きするとベター。トングで持ち、海苔をあぶるように遠火で両面に火を当てます。

2 にんにくをぬる。

にんにくの切り口をパンにぬりつける。

> 両面にぬると、においも辛みも強くなるので、片面に2〜3ぬりで充分です。

3 オリーブ油をかける。

それぞれにエクストラ・ヴァージン・オリーブ油を大さじ1ずつかける。

> オリーブ油はこの料理におけるソース。全面にしみ込ませ、噛んだときにジュワッとにじみ出るくらいにすると、とてもおいしいです。

4 塩、黒こしょうをふる。

好みの量の塩と黒こしょうをふる。

> トーストしたてを食べるのもいいですが、冷めても味はいいですよ。

Chef's voice

にんにくは生のままでパンにぬりますから、においや辛みはけっこう強いです。基本は片面にだけ2〜3ぬり。お好きであれば両面にぬってもいいですし、苦手ならひとぬり、あるいは本来のガーリックトーストではなくなりますが、無理してぬらなくても。ローマには、楊枝に刺したにんにくを添えて、客が自由にぬる店もあるんですよ。

ブルスケッタのバリエーション

トマトのブルスケッタ

材料（2個分）

パン（厚切り）…… **2枚**
にんにく（薄皮をむいて半分に切ったもの）
　…… **小ひと切れ**

◎のせる具
┌ トマト（大玉）…… **½個**
│ エクストラ・ヴァージン・
│ 　オリーブ油 …… **大さじ2**
│ 塩、黒こしょう …… **各適量**
└ パセリ（みじん切り）…… **適量**

作り方

1 パンを焼き、にんにくをぬる。

2 トマトを小角切りにしてボウルに入れ、エクストラ・ヴァージン・オリーブ油、塩、黒こしょう、パセリで和える。

3 **1**に**2**をのせ、汁もかける。

カプレーゼ風ブルスケッタ

材料（2個分）

パン（厚切り） …… 2枚
にんにく（薄皮をむいて半分に切ったもの）
　　…… 小ひと切れ

◎のせる具
- モッツァレッラチーズ …… 60g
- トマト（小さめの大玉） …… 1/2個
- バジルの葉 …… 数枚
- エクストラ・ヴァージン・オリーブ油
　　…… 大さじ2
- 塩、黒こしょう …… 各適量

作り方

1 パンを焼き、にんにくをぬる。

2 モッツァレッラチーズとトマトを、それぞれ4等分の厚切りにする。

3 パンの上に 2 とバジルを交互に並べる。エクストラ・ヴァージン・オリーブ油と塩、黒こしょうをかける。

いんげん豆のブルスケッタ

材料（2個分）

パン（厚切り） …… 2枚
にんにく（薄皮をむいて半分に切ったもの）
　　…… 小ひと切れ

◎のせる具
- エクストラ・ヴァージン・オリーブ油
　　…… 大さじ2
- 白いんげん豆（水煮缶） …… 80g
- 塩、黒こしょう …… 各適量
- パセリ（みじん切り） …… 適量

作り方

1 パンを焼き、にんにくをぬり、エクストラ・ヴァージン・オリーブ油大さじ1/2ずつかける。

2 白いんげん豆をエクストラ・ヴァージン・オリーブ油大さじ1と塩、黒こしょうで和え、半量をフォークなどでつぶす。

3 パンに 2 のつぶした豆をぬり、上に粒の豆をのせる。パセリをふる。

魚介のブルスケッタ

材料（2個分）

パン（厚切り） …… 2枚
にんにく（薄皮をむいて半分に切ったもの）
　　…… 小ひと切れ

◎のせる具
- あさり（殻付き） …… 260g
- にんにく（薄皮をむいたもの） …… 2g（1/4片）
- ミニトマト（4つ割り） …… 4個分
- パセリ（みじん切り） …… 適量
- エクストラ・ヴァージン・オリーブ油
　　…… 大さじ1

作り方

1 あさりを少量の水（分量外）とともにフライパンで蒸し煮にし、殻を開ける。殻から身を取り出し、汁はこして取っておく。

2 にんにくをエクストラ・ヴァージン・オリーブ油で炒め、色づいたら取り出してミニトマトを炒める。少し柔らかくなったら 1 のあさりの汁を入れ、半量ほどに煮詰める。あさりの身とパセリを混ぜ、火を止める。

3 パンを焼き、にんにくをぬる。 2 のあさりとトマトをのせ、汁もかける。

きのこのブルスケッタ

材料（2個分）

パン（厚切り） …… 2枚
にんにく（薄皮をむいて半分に切ったもの）
　　…… 小ひと切れ

◎のせる具
- マッシュルーム（薄切り） …… 60g
- 白ワイン …… 大さじ1/2
- レモン汁 …… 小さじ1/2
- 塩、黒こしょう …… 各適量
- エクストラ・ヴァージン・オリーブ油
　　…… 大さじ1
- チーズ（溶けるタイプ） …… 適量
- パセリ（みじん切り） …… 適量

作り方

1 マッシュルームをエクストラ・ヴァージン・オリーブ油で炒め、油が回ったら白ワインとレモン汁をふる。塩、黒こしょうで味をつける。

2 パンを焼き、にんにくをぬる。

3 パンの上に 1 のマッシュルームを盛り、チーズを適当な大きさに切ってのせる。オーブントースターでチーズが溶けるまで焼き、パセリをふる。

材料（2人分）
- なす …… 1本
- ズッキーニ …… 2/3本
- パプリカ（赤、黄）…… 各1/2個
- 塩 …… 適量
- エクストラ・ヴァージン・オリーブ油 …… 適量

◎ソース
- エクストラ・ヴァージン・オリーブ油 …… 大さじ2
- にんにく（薄皮をむいて薄切り）…… 1枚
- バジルの葉（みじん切り）…… 大2枚分

> 野菜はほかに、かぼちゃ、赤チコリ、トマトなどもグリルに向いています。トマトは皮がしっかりしたものを厚切りにし、ミニトマトなら丸ごと焼きます。ソースはバジルの代わりにオレガノ（ドライ）もよく合います。

余分な水分を抜いて、
焼き目をつけて焼くのがグリル。

野菜のグリル
Verdure grigliate
ヴェルドゥーレ　グリッリヤーテ

　グリルはもともと、溝のある鉄板や焼き網にのせて炭火で素焼きにする料理のこと。必ず焼き目がつきます。ですから、家庭でフライパンを使って焼くときも、**おいしそうな焼き目をつけて焼くことが大事**です。ただ、フライパンで素焼きにすると色がつきにくいので、少しだけ油の力を借ります。刷毛で野菜に薄くぬり、動かさずに焼く。フライパンに油をひくと油の量が多すぎて、ソテーのようになってしまうのでご注意を。

　また、**塩をふって余分な水分を抜き、弱めの中火でじっくり時間をかける**ことも大事。これで甘みがよく出ます。生でもおいしい野菜を使う料理なので、焼き目がつけば完全に柔らかくならなくてもかまいません。作りおきして常温で食べる料理なので、あつあつで出そうと焦らなくても大丈夫！

1 野菜を切る。

なすは厚さ1cm強、ズッキーニは8mmの斜め薄切りにする。パプリカは種とワタを除き、ひと口大に切る。

なすは焼いて水分が抜けるとペタンコになるので、やや厚めに。ズッキーニの場合は縦薄切りもよいです。

2 野菜に塩をふる。

なすとズッキーニは両面に、パプリカは内側にのみ塩をふり、5分ほどおく。

余分な水分を抜くのが目的ですが、この塩が下味にもなります。水分とともに多少流れるので、やや多いかなと思うくらいに、しっかりふります。

3 しみ出した水分をふき取る。

野菜をペーパータオルではさみ、軽く押して、しみ出した水分をふき取る。

5分ほどおけば、野菜の切り口から水分がにじみ出てくるのでふき取りましょう。パプリカは水分が抜けると少し平らになり、焼きやすくなります。

4 オリーブ油をぬる。

なすとズッキーニは両面に、パプリカは内側のみに、刷毛でエクストラ・ヴァージン・オリーブ油を薄くぬる。

油は直接たらすとかけすぎてしまいます。油っぽくならないように、ここは刷毛でていねいに薄くぬってください。

5 フライパンで焼く。

フライパンに野菜を1種類ずつ並べ、弱めの中火にかける。ゆっくり時間をかけて、焼き色をつける。まず、なすを焼く。

手やへらで野菜を押しながら焼いてもいいでしょう。水分がしみ出て味が凝縮し、色もよくつきます。

6 裏面も焼く。

裏返してもう片面にも焼き色をつけ、バットに重ならないように並べる。同じフライパンでズッキーニも同様に焼き、バットに並べる。

7 パプリカは押しながら焼く。

パプリカは両面ともに、へらでしっかり押しながら焼く。6のバットに並べる。

曲がっている端にも焼き色がつくよう、へらで平らにしながら焼きます。肉厚で火が通りにくいときは、オーブントースターで仕上げてもかまいません。

8 ソースの材料を混ぜる。

ソースの材料をすべて混ぜ合わせる。

野菜の風味を味わう料理なので、本当はソースはなくてもいいくらい。オリーブ油だけでもいいし、ここでご紹介したように香りづけに入れるなら、にんにくとハーブ1種で充分。

9 野菜にソースをかける。

バットに並べた野菜にソースをかける。

ソースをかけておけば翌日もおいしく食べられます。それ以上おくとオイルがしみ込みすぎて食味が落ちるのでNG。

野菜をおいしく食べるにんにくソース。
コツはにんにくをきかせすぎないこと。

バーニャ・カウダ
Bagna caoda

バーニャ・カウダとは「温かいソース」。

近年、日本でぐっと知名度の上がったバーニャ・カウダは、もともとイタリア北部、ピエモンテの冬の農家料理。生野菜とゆで野菜を盛り合わせ、にんにくとアンチョヴィとオリーブ油で作ったソースをつけて食べます。ゆで野菜はゆでたてでも冷めてもかまいませんが、<mark>ソースは"温かい"のが大原則</mark>。なぜなら、バーニャ・カウダはピエモンテの方言で「温かいソース」の意味だから。冷製ソースは別料理です（→p.89）。

日本のバーニャ・カウダで残念なのは、にんにくをきかせすぎのレシピが多いこと。もっと控えめにしたほうが、マイルドですっきりしたおいしさになるのに……、といつも思います。<mark>にんにくを使いすぎない。使うときは薄く切って水でさらし、臭みや辛みを抜いて</mark>油で煮る。これが大切です。生クリームやバターを入れたり、にんにくを牛乳で煮てもやさしい味になりますが、ここでは乳製品を使わず、3つの基本材料で作れるレシピをご紹介します。

低温でにんにくの風味をやさしく引き出します。

火加減は超弱火を守ってください。イタリア語で「ピパーレ」といって、元の意味は「パイプの煙をくゆらす」。それくらい超弱火。それでこそ、にんにくやアンチョヴィのやさしい風味が出てきます。高温では揚がって、茶色に色づいたりしますから。

上手に煮るには油の入れ方にコツがあります。<mark>最初は少量の油でスタートし、沸いてきたら油を少し足す</mark>。これを10回くらいくり返すんです。新たに油が入ることで温度が下がり、低温を維持しやすいというわけ。それに、油が少ないほうがにんにくをつぶしやすいという利点もあります。20〜30分近く煮て、にんにくもアンチョヴィも煮くずれてどろっとすれば、でき上がりです。

材料（作りやすい分量）

野菜（お好みのものでよい）
- かぼちゃ …… 1/8個
- 芽キャベツ …… 4個
- ロマネスコ（小房に分ける）…… 小1/4個分
- じゃがいも（メークイン。皮付き）…… 1個
- パプリカ（赤、黄）…… 各1/3個
- セロリ（株の内側の柔らかいもの）…… 1〜2本
- トレヴィス …… 適量
- イタリアンパセリ …… 1枝

ソース（作りやすい分量。適量使用）
- にんにく（薄皮をむいたもの）…… 15g
- アンチョヴィのフィレ …… 30g
- エクストラ・ヴァージン・オリーブ油 …… 130g（約160ml）

アンチョヴィは製品により大きさ、厚み、色、塩分に違いがあります。身が厚く、赤みを帯び、しょっぱすぎないものがおすすめ。

バーニャ・カウダの作り方

1　にんにくを切る。

にんにくを縦半分に切って芽を取り除き、薄切りにする。長さを半分に切る。

> にんにくは細かすぎるとかえってつぶしにくくなるので、大きめに切るのがコツ。

2　にんにくを水にさらす。

1のにんにくを水に3時間ほどさらす。途中で一度水を取り換え、煮る直前にもさっと水洗いして水分をきる。

> 前日の晩から浸けておいてもかまいません。この場合も、途中で2度ほど水を取り換えてください。

3　オリーブ油で煮始める。

アンチョヴィを4等分くらいに刻む。にんにく、アンチョヴィ、エクストラ・ヴァージン・オリーブ油40g（50㎖）を小鍋に入れて、ごく弱火にかける。

4　つぶしながら煮る。

にんにくとアンチョヴィをフォークでつぶしながら火を入れていく。

> 最初は油が冷たいので変化は少ないですが、温まってくると一気にプツプツと沸いてきます。最後までごく弱火を保ってください。

5　オリーブ油を少量ずつ加える。

泡の量が多くなってきたらオリーブ油を大さじ1弱足して温度を下げ、続けてつぶしながらなじませる。この工程をくり返し行い、8〜9回で分量の油を入れ終える。

> 油を加えるタイミングは、油が沸いてきたとき。およそ2分間隔です。

6　ソースのでき上がり。

でき上がったソース。完全なピューレにはならないが、にんにくとアンチョヴィがどろっとしていればよい。

> 後半はスプーンのほうが、ラクに混ぜたりつぶしたりできます。

7　野菜の準備1。

生食できるセロリとトレヴィスは適当な大きさに切る。かぼちゃはラップで包み、600Wの電子レンジに4分ほどかけ、じゃがいもは皮付きで水からゆでて柔らかくする。じゃがいもは皮をむき、ともにひと口大に切る。

8　野菜の準備2。

芽キャベツは底を薄く切り落とし、外葉を1枚はずす。底面に1㎝の深さで十字の切り目を入れる。食塩濃度0.3％（塩は分量外）の湯で芽キャベツを約5分ゆでたところで、ロマネスコを加えて2分半ほどゆで、一緒に引き上げる。

9　野菜の準備3。

パプリカは焼いて皮をむき（→p.89）、適宜切り分ける。7〜8の野菜、イタリアンパセリとともに器に盛り、温かい6をポットに入れて添える。

> ソースが余ったら生クリームに隠し味程度に入れて温め、パスタソースに。

パプリカの皮のむき方

オーブンで焼く方法もありますが、直火で皮を焦がすほうが早く焼け、むきやすいです。パプリカに串を刺して直接火に当ててもいいでしょう。へこんでいるところは火が当たりにくいので、面を変えながら時間をかけてくまなく焼いてください。目安は5分前後。熱いうちに皮をむかないとむきにくくなりますが、熱すぎて触れないときは1分ほど時間をおいて。水のなかで大かた皮をむいたら、水を取り換えるか、流水をかけながら残った皮をむき取ります。多少の皮は残っていても気にしないでOK！

1 パプリカを焼き網にのせて強火にかけ、皮を真っ黒に焦がす。

2 冷水を張ったボウルに入れ、こすりながら皮をむく。簡単にむける。

3 半分に切ってガク、種、ワタを除き、縁の汚いところはナイフで削り落とす。

バーニャ・カウダを冷製で食べるなら

バーニャ・フレイダ
Bagna freida

バーニャ・カウダの冷製版。冷たいソースで食べる夏の料理です。バーニャ・カウダのソースよりもにんにくを減らし、ワインヴィネガーを加えてピューレにします。ヴィネガーは、りんご酢、はちみつ酢、レモン汁などに代えたり、ミックスしたりして酸味を抑えてもいいでしょう。サラダドレッシングにもなります。

材料（作りやすい分量）

◎野菜（お好みのもの）
- きゅうり、にんじん、セロリ、パプリカ、ラディッシュなど …… 各適量

◎ソース（作りやすい分量）
- にんにく（薄皮をむいたもの）…… 5g
- アンチョヴィのフィレ …… 20g
- 白ワインヴィネガー …… 大さじ2
- エクストラ・ヴァージン・オリーブ油 …… 100ml

作り方

1 ソースの材料をミキサー、またはブレンダーで撹拌する。

2 野菜を生のまま、適当な大きさに切る。

3 野菜にソースを適量かけて食べる。

材料（2人分）

牛かたまり肉（ロース、またはヒレ肉）
　……260g
塩 …… 2g
黒こしょう …… 適量
エクストラ・ヴァージン・
　オリーブ油 …… 大さじ½

◎仕上げ用
　粗塩、黒こしょう（粗びき）、
　　エクストラ・ヴァージン・
　　　オリーブ油 …… 各適量
　葉野菜、ミニトマト、
　　イタリアンパセリ …… 各適量

かたまり肉は、焼く30分～1時間前には冷蔵庫から出して、常温にもどしておきましょう。冷たいままでは表面と中心の温度差が大きく、うまく焼けません。

少ない油で表面を香ばしく、
内側はレアに焼くのが絶対条件！

タリアータ
Tagliata di manzo
（タッリヤータ　ディ　マンゾ）

　フィレンツェの名物料理にTボーンステーキがあります。牛のロース肉とヒレ肉がT字形の骨でつながった大判のステーキですが、タリアータはその副産物として生まれました。ヒレ肉が細くなる腰側はヒレとロースのバランスが悪いことから、骨を取ってロース肉だけを小ぶりのステーキにし、切り分けて出したのが始まり。誕生は1980年代と新しい料理です。

　そんな由来から、タリアータは**厚切りの肉をレアに焼いてから切り分けるのが原則**。もとはヒレ下という部位のロース肉で作りましたが、今ではロース全般やヒレ肉を使うことも。ミディアムがお好みなら、切ったあとに平らに並べてオーブントースターで少し火を通せばよいでしょう。ただし、**ウェルダンはNG**。そうなると、「タリアータ」とは呼べません。

1 牛肉を叩く。
牛肉をまな板にのせ、肉叩きで叩く。片面のみ、12回ほど叩く。

> 肉の繊維を柔らかくするための作業です。全体にしっかり叩きます。

2 元の厚みに戻す。
手のひらで肉の側面を中心に寄せて、元の厚みに戻す。

> 叩きっぱなしでは薄っぺらいステーキになり、レアに焼けません。元の大きさ、厚みに戻します。

3 調味料をふり、油をぬる。
肉の両面に塩、黒こしょうをふり、エクストラ・ヴァージン・オリーブ油をぬる。10分ほどおいて味と香りをなじませる。

> 本来はグリル料理なので、「野菜のグリル（→p.84）」と同様に肉に最小限の油をぬって焼きます。油っぽくなりません。

4 熱したフライパンに入れる。
フライパンを強火にかけてあつあつに熱し、肉をのせる。中火にして焼く。

> 肉をのせたときにジュッと音がするくらいにフライパンを熱して、一気に焼きます。

5 両面を香ばしく焼く。
充分な焼き色がついたら裏返し、同じようにしっかりと焼き色がつくまで焼く。

6 側面も焼く。
肉を立てて側面を直接フライパンにあて、焼き固める。すべての側面を焼く。

7 斜めに切り分ける。
まな板に取り出し、幅1.5cm前後の斜め切りにする。

> レアが前提なので、休ませる必要はありません。焼きたてをすぐに切り分けます。包丁は右に少し倒して斜め切りに。筋が切れて柔らかく食べられます。

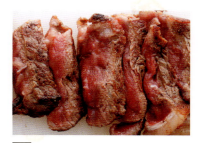

8 盛りつける。
切り分けたら器に盛り、粗塩と黒こしょうをふり、エクストラ・ヴァージン・オリーブ油をかける。野菜を適宜添える。

> 仕上げの黒こしょうは粗びき。細びきは牛肉の焼けた香りを邪魔してしまいます。

Chef's voice

焼きっぱなしでもかまいませんが、肉を焼いたフライパンに白ワインとエクストラ・ヴァージン・オリーブ油を加え、ひと沸かしすればソースになります。フライパンに残っている肉の旨みと塩分を利用した簡単ソースです。また、ルーコラ、薄切りのパルミジャーノ・レッジャーノ、バルサミコ酢をかけて仕上げてもおいしい。

材料（2人分）

鶏もも肉、または手羽元
　（骨付きのぶつ切り）…… 6個
塩 …… 適量
黒こしょう …… 適量
にんにく（薄皮をむいたもの）…… 1g
ローズマリーの葉 …… 小さじ1
白ワイン …… 1/3カップ
ホールトマト（缶詰）…… 135g
湯 …… 約130mℓ
サラダ油 …… 大さじ1
パセリ（みじん切り）…… ひとつまみ

◎パプリカのトマト煮
　パプリカ（赤、黄。ひと口大に切る）
　　…… 各1/2個分（125g）
　玉ねぎ（薄切り）
　　…… 小1/4個分（40g）
　ホールトマト（缶詰）…… 135g
　湯 …… 50mℓ
　塩 …… 小さじ1弱
　エクストラ・ヴァージン・
　　オリーブ油 …… 大さじ1

準備

◉ ホールトマトはどちらもボウルに入れて、泡立て器でつぶす。

パプリカのトマト煮で煮込むのがローマの伝統。

鶏肉のソテー、ローマ風

Pollo alla romana
（ポッロ　アッラ　ロマーナ）

　料理名はソテーですが、焼いた鶏肉をトマトで煮て、別に仕込んだパプリカのトマト煮を加えて煮上げます。鶏肉をトマトで煮るのはローマが発祥。これは由緒あるローマ料理なんです。

　煮込み料理に使う鶏全般にいえることですが、**骨がないと肉が縮んで硬くなるので、どの部位でも骨付きを用意**してください。**旨みも出ます**からね。煮るときは、ひとつひとつの肉にしっかり味がしみ込むように、広口の鍋かフライパンに肉を広げて重ならないように。イタリア人は煮込み時間を少し長くして、骨がポロッと簡単にはずれるくらいによく煮たものを好みます。味もよくしみて最高です。骨付き肉が手に入らないときは、1枚のかたまりのまま、ちょっと短めに煮ます。それだけで縮みが少なく、柔らかく食べられます。トマトの量を多めにして長く煮込み、骨をはずせばパスタソースにも。

1 パプリカのトマト煮を作る。

フライパンにエクストラ・ヴァージン・オリーブ油と玉ねぎを入れ、中火にかけてややしんなりするまで炒める。パプリカを入れてさっと炒め合わせる。

> 玉ねぎは香りを引き出すのが目的。火が通るまで炒める必要はありません。

2 トマトを入れて煮込む。

表面に軽く火が入る程度になじんだら、ホールトマト、湯、塩を入れる。沸いたら弱火にして5分ほど煮込む。

> プツプツと泡が出る火加減で、とろみが出るまで煮ればでき上がりです。そのままアンティパストや料理の付け合わせにもできる煮込みです。

3 鶏肉に下味をつける。

鶏肉に塩、黒こしょうをふり、手でもんでなじませる。

> 塩はやや多めに。鶏肉を塩焼きする感覚で、この下味だけで料理全体の塩味を決めます。

4 にんにくとローズマリーを刻む。

にんにくとローズマリーをそれぞれ粗く刻み、さらに合わせて一緒に刻む。

> 切り方が違うのでまずは別々に刻み、粗みじんになったら混ぜて刻みます。均一に混ざり、手間も省けます。にんにくとローズマリーはローマ料理には必須!

5 鶏肉を焼く。

フライパンを強火にかけ、サラダ油を入れて熱する。鶏肉の皮を下にして入れ、中火にして軽く焼き色をつける。裏返して、同様に焼く。フライパンにたまった油を大さじ2ほど取り除く。

6 ハーブで香りづけする。

残った油に 4 を入れて炒める。

> 肉にふるのではなく、油に入れるのがポイント。全体に均一に香りが広がります。

7 白ワインでフランベする。

白ワインを入れ、アルコール分をとばす。

> 自然に火が入ってワインのアルコール分が燃えます。これをフランベといいます。

8 トマトを加えて煮る。

ホールトマト、湯50mlを入れ、蓋をして強火にかける。沸いたら弱火にして5分ほど煮る。

> ここで肉に火が通るまで煮て、ワインやトマトの味をしみ込ませます。

9 パプリカのトマト煮を加える。

2 を加え、蓋をして弱火で15分ほど煮る。途中、2回ほど湯を加えてのばし(50ml、30ml)、鶏肉を2〜3回返す。火を止め、パセリをふって混ぜる。

> 煮汁の濃いオレンジ色が淡い色になり、とろみが戻ってくれば完成。

厚い肉を叩いて焼くから、薄切り肉でも旨みが強い。

スカロッピーナ、
レモンバターソース

Scaloppine al limone
スカロッピーネ　アル　リモーネ

本来は仔牛肉で作る"薄切り肉"料理。

　スカロッピーナという料理名はフランス語の「エスカロップ」をイタリア語化したもので、「薄切り」のこと。それがイタリアでは「薄切り仔牛肉のソテー」というひとつの料理として定着しました。日本のご家庭では仔牛肉が手に入りにくいので、ここでは同じ白身の豚肉で代用しています。仔牛の場合はもも肉で作ることが多いのですが、豚肉ならヒレ肉がおすすめ。ウェルダンに火を入れても柔らかいし、輪切りにして叩くだけで丸い形になってスカロッピーナらしくなりますからね。

　薄切り肉のソテーといっても、日本で売られているスライス肉のような、ごくごく薄い肉を焼くわけではありません。==厚みのある肉を叩いて薄くのばしたものを焼きます==。イタリアには、もともとごく薄く切って食べる肉料理がないんですね。せいぜい生肉で食べるカルパッチョくらい。肉はある程度の厚みがないと、火を入れたときにすぐに水分がとんでパサつきやすく、何よりも旨みが出ない、と考えるからです。だから、薄切り肉の料理は、必ず厚めに切ったものを叩いて薄くします。

叩きすぎかな、と思うくらいしっかり叩きましょう。

　この料理でも、豚肉を叩いて2mmくらいまで薄くしますが、焼き縮みが出て少し厚みが戻るので、ちょっと叩きすぎかな、と思うくらいしっかり叩いて大丈夫。長さのある豚ヒレ肉の場合、頭側と尻側では肉の硬さや縮み方が違って、頭側のほう（赤みが強く、太いほう）が縮みやすいので、こちらを使うときはとくに強めに叩きましょう。==薄くてすぐに火が通りますから短時間でさっと焼き==、白ワイン、レモン汁、湯を入れた焼き汁にバターを煮溶かし、ソースにします。

材料（2人分）

豚ヒレ肉 …… 200g
塩 …… 適量
黒こしょう …… 適量
小麦粉（薄力粉） …… 適量
サラダ油 …… 大さじ1
白ワイン …… 大さじ3
レモン汁 …… 小さじ2
湯 …… 大さじ1
パセリ（みじん切り） …… ひとつまみ
バター（小角切り） …… 20g

スカロッピーナ、レモンバターソースの作り方

1 豚ヒレ肉を叩いてのばす。

豚ヒレ肉を6等分の輪切りにする。ラップではさみ、肉叩きで叩いて薄くのばす。

> 厚みの少ない肉に直接肉叩きをあてると、衝撃が大きく破れやすくなるので、ラップではさんで緩衝材にします。均等にきれいにのばせます。

2 塩、黒こしょう、小麦粉をふる。

塩を両面に、黒こしょうは盛りつけたときに裏になる面のみにふる。両面に小麦粉をまぶして、余分な粉をはたく。

> 仔牛肉ならこしょうは不要ですが、豚肉には臭み消しのために必ずふりましょう。黒い粒が目立たないよう裏面のみに。

3 豚肉を焼き始める。

フライパンにサラダ油を入れて中火にかけ、熱くなったら豚肉を入れる。

> 盛りつけたときに表になる側から焼くので、黒こしょうをふっている面を上にして置きます。

4 裏返して焼く。

うっすら焼き色がついたら裏返し、弱火にして表面を固める程度にさっと焼く。

> ステーキではないので、両面とも強く焼き固めないように。次に入れるワインのなかで火を通すので、裏面はとくに軽く焼くだけにします。

5 白ワインとレモン汁を加える。

白ワインを入れ、ひと沸かしする。続けてレモン汁を入れ、湯でのばして沸かす。

> 白ワインを入れると油がはねるのでご注意を。すぐに沸いてアルコール分が蒸発します。

6 パセリをふる。

焼き汁がフライパンの底に薄く残っている状態で、パセリをふって火を止める。豚肉を皿に盛る。

> パセリを加えるとレモンの酸味がおだやかになり、バランスのよい味になります。

7 フライパンにバターを加える。

6のフライパンを弱火にかけて焼き汁を温め、バターを入れてすぐに火を止める。

8 余熱でバターを溶かす。

フライパンを揺らしながら余熱でバターを溶かし、焼き汁となじませる。肉にまとわりつく濃度になったら、6の豚肉にかける。

> 余熱で溶かすのは、バターのまろやかな風味を生かすため。火を入れすぎると色が濁り、風味も消えてしまいます。

Chef's voice

バターはどんな料理でも、1cm角くらいに小さく切って使うと風味を最大限に生かせます。火を入れる料理では、バターをかたまりのまま鍋に入れると中心まで溶けきる前に周りが焦げ始めることもあります。小さければ、均一に素早く溶けるので風味を損ないません。

スカロッピーナのアレンジレシピ

スカロッピーナ、バルサミコ酢ソース

Scaloppine al balsamico
スカロッピーネ　アル　バルサーミコ

バルサミコ酢の産地、モデナ生まれの料理です。レモンバターソースのレモン汁の代わりにバルサミコ酢を使って同様に作ります。この酢は味が濃いので、仔牛肉ではその繊細な風味を負かしてしまうからと、最初から豚肉で作ることにしたようです。バルサミコ酢は、貴族が愛飲していた歴史の古い滋養ドリンクで、料理やドルチェの調味料として使うようになったのは1970年代。つい最近のことです。野菜サラダやジェラートにかけるのが代表的ですが、ソースにも利用されるようになりました。加熱する料理には、廉価なバルサミコ酢で充分です。

材料（2人分）

豚ヒレ肉 …… 200g
塩、黒こしょう …… 各適量
小麦粉（薄力粉）…… 適量
サラダ油 …… 大さじ1
白ワイン …… 大さじ2
バルサミコ酢 …… 大さじ2
バター（小角切り）…… 20g

◎付け合わせ
葉野菜（お好みのもの）…… 適量

作り方

1. 豚ヒレ肉を96ページ 1 ～ 4 と同じように焼く。

2. 白ワインとバルサミコ酢を加え、ひと沸かしし、豚肉を皿に盛る。

3. フライパンに残った焼き汁を少し煮詰めてからバターを加え、火を止める。余熱でバターを溶かし、2 の豚肉にかける。

4. 付け合わせの野菜を添える。

チーズ入りのころもと肉が
一体化したおいしさをぜひ味わって。

ミラノ風カツレツ

Cotoletta alla milanese
(コトレッタ　アッラ　ミラネーゼ)

最初にパン粉をまぶすと、ころもが肉に密着します。

　本来は仔牛肉で作る大判のミラノ風カツレツ"コトレッタ"ですが、豚ロース肉でもおいしく作れます。

　しかし、同じ豚肉のカツレツでも、コトレッタと日本のトンカツはだいぶ違います。ころもも、肉の厚みも、揚げ方もです。まずはころも。トンカツは「小麦粉→卵→パン粉」の順につけますが、ミラノ風カツレツは「パン粉→卵→パン粉」。最初につけるのが小麦粉か、パン粉かの違いですが、これだけで揚げたあとのころものつき方がかなり変わるんです。小麦粉を直接まぶすと、粉と肉の水分が混じり合ってべたつき、密着が悪くなって、揚げたときにころもの内側にすき間ができます。トンカツを切る際にころもがはずれたり、肉のきわにネチョッとした食感が残ったりするでしょう。トンカツはそれでいいんです。でも、ミラノ風カツレツはそんなころもをよしとしません！　最初にパン粉をまぶし、ころもを肉にぴったりくっつけるのです。

少ない油でカリッと焼く"揚げ焼き"がイタリア流。

　ころもにパルミジャーノ・レッジャーノを混ぜるのも、ミラノ風カツレツの特徴です。旨みを加えるためですが、焼き色がきれいにつくというメリットも。チーズをパン粉に混ぜると全量を使わず無駄になる分が多いので、卵に混ぜるのがおすすめです。

　揚げ方は日本の揚げものに多い、油を大量に使うディープフライではなく、ちょっと多めの油で焼く「揚げ焼き」です。これでカリッと揚がり、油をきる必要もなし。はじめはサラダ油のような植物性油脂で焼き、仕上げ間際にバターを入れて風味をつけます。最初からバターを入れたら油が焦げて、せっかくのバターのまろやかな風味が生かされません。

材料（2人分）

豚ロース肉（脂身付きで140〜150g）
　……2枚

◎卵液
　卵……2個
　パルミジャーノ・レッジャーノ
　　……大さじ1½
　サラダ油……大さじ1

パン粉（生）……適量（約80g）
塩……適量
黒こしょう……適量
揚げ油（サラダ油）……大さじ3
バター（小角切り）……15g
レモン（くし形切り）、パセリ……各適量

豚ロース肉は「トンカツ用」などの名で売られている筋の少ないものを。肩ロースは筋が多いので、焼いたときに縮むところが多く、平らに焼けず美しさにも欠けて不向きです。生パン粉は、ミキサーなどで粉砕して、細かくしてください。

ミラノ風カツレツの作り方

1 豚ロース肉の脂身を取る。

豚ロース肉（写真右）の厚い脂身を取り除き、赤身だけにする（左。1枚が120～130gになる）。筋のある部分も脂身を除き、包丁の切っ先で筋に切り目を入れる。

写真右が掃除する前、左が脂身を取ったあとです。

2 卵液を作る。

卵を溶きほぐし、パルミジャーノ・レッジャーノとサラダ油を加えてよく混ぜる。バットに移す。

卵液にサラダ油を入れるのは、とろみをつけるため。パン粉がよくつき、口当たりも柔らかくなります。

3 豚肉にパン粉をつける。

豚肉の両面に1回目の生パン粉をまぶす。

4 肉叩きで叩く。

3を肉叩きで片面3～4回ずつ、両面を叩いて平らにする。

叩くことで肉の繊維を柔らかくし、均一に平らにします。パン粉をつけてから叩くことで、パン粉が肉に密着して一体感が増しますよ。

5 叩き終えたら下味をつける。

写真のように肉が均一な薄さで、生パン粉が薄く均等にまぶされた状態になれば、叩き終わり。両面に塩、黒こしょうをふり、手のひらで軽く押さえる。

6 卵液をまぶす。

5の肉の両面にたっぷりと2をつける。

パン粉がついているので、卵液がはじけず、均等にしっかりついてくれます。

7 再び生パン粉をまぶす。

生パン粉の上に6をのせ、上面にも生パン粉をたっぷりかける。

8 手のひらで押さえる。

手のひらでやさしく押さえ、生パン粉を密着させる。

生パン粉は柔らかいので、静かにやさしく押さえます。卵液に入っているサラダ油の効果でよくつきます。

9 形を整える。

まな板に取り出し、包丁の腹で上面を軽くトントンと叩く。側面は中心に寄せるようにして押さえ、形を整える。

形が整うだけでなく、必要なパン粉がつくとともに余分なパン粉を払います。

10 格子模様をつける。

盛りつけたときに上になる面に、包丁の刃を上にして、峰で格子状の模様をつける。

> 格子模様は飾りのようなものですが、これでころもが一層密着します。

11 豚肉を焼き始める。

フライパンに揚げ油を入れて中火にかけ、熱くする。豚肉を格子模様の面を下にして入れ、弱めの中火で焼く。

> 動かしすぎるとパン粉が散るので、ときどき動かす程度に。火が強いとパン粉が焦げますから、火加減にも気を配って。

12 裏返す。

11を裏返して、裏面も火を入れる。

> 写真のような香ばしい焼き色をつけてください。

13 バターを加える。

豚肉にほぼ火が通ったらバターを加え、風味をつける。かたまりが溶けたら、裏返してもう片面にも風味をつける。

> バターに火を入れすぎないようにして、マイルドな香りと旨みを生かします。

14 盛りつける。

もう一度裏返し、そのまま器に盛る。レモンとパセリを添える。

> 仔牛肉の場合は、臭みのない淡泊な風味を生かすためにレモン汁を使わない人もいますが、豚肉には必須です。

Chef's voice

イタリアでは、余って硬くなったパンをすりおろしてパン粉にしたことから、どんな料理にも粉末状のものを使います。日本のパン粉は粗いので、ミキサーかブレンダーで、細かくします。口当たりがよくなり、イタリア料理らしさも増すでしょう。生パン粉は湿り気があって刃が回りにくいので、少量ずつ回します。

ところで、ドライパン粉（右写真上）と生パン粉（下）に、使い分けのルールがあるのを知っていますか？ 焼くのに時間がかかる生の素材には生パン粉がいいんです。一方、あらかじめ火を入れたタネや短時間で揚がる素材は、すぐに火が入るドライパン粉がいい。だからメンチカツは生パン粉ですが、コロッケはドライパン粉。同じ理由で、ミラノ風カツレツは時間がかかるから生パン粉を使いますが、「かじきのカツレツ（➡p.102）」は短時間で揚がるのでドライパン粉を使っています。

材料(2人分)

- まかじき(切り身。100g) …… 2切れ
- ◉卵液
  - 卵 …… 1個
  - パルミジャーノ・レッジャーノ …… 大さじ1強
  - エクストラ・ヴァージン・オリーブ油 …… 小さじ1/2
- パン粉(ドライ) …… 適量
- 塩 …… 適量
- 黒こしょう …… 適量
- 揚げ油(ピュア・オリーブ油) …… 大さじ2弱
- ◉ミニトマトのマリネ
  - ミニトマト(大ぶりのもの) …… 8個
  - エクストラ・ヴァージン・オリーブ油 …… 大さじ2
  - レモン汁 …… 小さじ2
  - 塩 …… 1g
  - 黒こしょう …… 適量
- ルーコラ …… 8枚

> パン粉は、ミキサーなどで粉砕してごく細かくしておきます。

厚切りにできる魚は、肉と同じカツレツに！

かじきのカツレツ
Cotoletta di pesce spada
(コトレッタ ディ ペッシェ スパーダ)

　イタリア料理では、大型の魚を肉と同じ調理法にすることがよくあります。まぐろやかじきをカツレツにするのも一例。まぐろはパサつきやすく火入れがむずかしい魚ですが、**かじきは時間が経ってもしっとり感を保ち、簡単においしく作れておすすめ**です。

　ミラノ風カツレツ(➡p.98)と同様に、パルミジャーノ・レッジャーノ入りの卵液とパン粉のころもでカツにしますが、魚は湿り気が多い分、卵がよくつくので、じかに卵液をつけて大丈夫。パン粉はすぐに火が入るドライを使います。卵液には数分浸けて、よくなじませるのがポイントですね。パン粉がつきやすくなり、魚の生臭みも抑えてくれます。盛りつけにトマトのマリネをのせるのは私のオリジナルですが、トマトのみずみずしさと甘酸っぱさで、カツレツがさっぱりといただけるので、相性は抜群だと思います。

1 卵液を作る。

卵を溶きほぐし、パルミジャーノ・レッジャーノを加えて混ぜる。さらにエクストラ・ヴァージン・オリーブ油を入れながら混ぜる。バットに移す。

2 かじきに下味をつけ、卵液に浸す。

かじきの両面に塩、黒こしょうをふる。**1**に入れて両面にまぶし、そのまま2〜3分おいてなじませる。

> 卵液に浸けてしっかりとなじませます。魚の生臭みが消え、パン粉もつきやすくなります。

3 ドライパン粉をまぶす。

パン粉を別のバットに入れ、**2**をのせる。上面にもたっぷりパン粉をかけ、手のひらで押さえてまぶす。

> パン粉を厚めにかけると、パン粉がクッションになり、軽く押すだけで均一にまぶせますよ。

4 形を整える。

盛りつけたときに表になる面を上にして、まな板に置く。包丁の腹で上面をトントンと叩き、余分なパン粉を払う。側面も中心に寄せるように押さえ、形を整える。

5 格子模様をつける。

包丁の刃を上にし、峰で上面に格子模様をつける。

> 模様は自由に。店ではリーフ形につけたこともあります。

6 ミニトマトのマリネを作る。

ミニトマトを4つ割りにし、塩、黒こしょう、エクストラ・ヴァージン・オリーブ油、レモン汁を加える。

> ミニトマトは大玉トマトより甘みが濃厚なので、レモンの酸味とバランスがよく、この料理向きです。

7 混ぜて少しマリネする。

6をよく混ぜて、5分ほどおいておく。ルーコラは幅1cmのざく切りにする。

> かじきを焼く直前にトマトのマリネを作ると、焼いている間にちょうどトマトの水分がしみ出し、調味料の味がなじんでおいしくなります。

8 かじきを揚げ焼きする。

フライパンに揚げ油を入れ、中火にかけて熱する。かじきを格子模様の面を下にして入れ、弱火にして焼く。

> ミラノ風カツレツ（→p.98）より、火入れは短時間で。ころもに香ばしい焼き色がつけば火が入っていますよ。

9 裏面も焼いて盛りつける。

香ばしい焼き目がついたら裏返して同様に焼く。器に盛る。**7**とルーコラをかじきの上に盛る。

> 焼くときの油の量が少ないので、油きりする必要はありません。

ころものバリエーションを楽しむサクサクの揚げもの

材料（2人分）

- えび …… 4尾
- やりいかの胴（中サイズのもの） …… 2はい分
- かぼちゃ（薄切り）…… 4枚
- まいたけ …… 30g
- なす …… 1本
- ズッキーニ（ヘタのほう）…… 5cm長さ
- 塩 …… 適量
- 牛乳 …… 適量
- 小麦粉（薄力粉またはセモリナ粉）…… 適量
- 溶き卵 …… 1個分
- パン粉（ドライ）…… 適量
- 揚げ油（サラダ油）…… 適量

パン粉はミキサーやブレンダーなどで、ごく細かくしておきます。ズッキーニは太く膨らんだ部分を使うときは、5cm長さを2個用意してください。種を取り除くので、実が半分ほどの量になってしまいますから。使う素材はにんじん、パプリカ、アーティチョーク、カリフラワー、白身魚の切り身なども向きます。薄切りにした肉や内臓もフリットにするとおいしいです。

イタリアンの揚げもの「フリット」は
4種のころもでバリエーション豊か。

野菜と魚介のフリット
フリット　　ミスト
Fritto misto

　フリットとは、イタリア語で「揚げもの」の総称。ころもの違いで、4つのタイプがあります。素揚げ、小麦粉のみ、小麦粉+卵液、小麦粉+卵液+パン粉で、昔は、「海のものは小麦粉、山や里のものはパン粉」といった使い分けがありました。でも近年はルールどおりでなく、小麦粉だけをまぶすのが流行りです。日本では薄力粉を使いますが、イタリアでは小麦粉のなかでも、パスタの原料になるセモリナ粉も利用します。粒子が粗くサラサラしているので、薄く均一にまぶすことができ、とくにいかやえびのような水気の多いものはカリッと揚がって扱いやすいです。

　揚げ油は、イタリアではひまわり油など、風味の弱いシードオイルを使うのが一般的。**オリーブ油は香りが強いので、揚げもの向きではないんです。**サラダ油などの淡泊なオイルを使いましょう。

【野菜、魚介を切る】

1. かぼちゃを厚さ1cm以下の薄切りにする。種とワタは、焦げやすいので取り除く。

2. えびは尾を残して殻をむき、背ワタを除く。

3. いかは皮をむいて幅1cm強の筒切りにし、ペーパータオルで水分をしっかりふく。

4. まいたけをほぐす。

5. なすはヘタを取り、縞状に皮をむいて（ a ）厚さ1cmの斜め切りにする。ツルツルした皮つきのままだと、ころもがはがれやすい。

6. ズッキーニは5mm角の棒切りにする。太く膨らんだ部分を使う場合は中心に種子が多いので、周りの硬い実だけを切り取ってから、棒切りにする（ b ）。切り終えた野菜と魚介（ c ）。

【ころもをつける】

1. **素揚げ** ── 生のかぼちゃ
素揚げには、かぼちゃのように形がしっかり残るものが向いている。なすやズッキーニでも作れるが、形がくずれて見た目が貧弱になりやすい。

2. **小麦粉** ── いか、えび、ズッキーニ
いかとえびに小麦粉を薄くまぶす。薄力粉の場合はふるいにのせて余分な粉を落とす。セモリナ粉の場合は、そのままでよい。いかはリングの内側にもきちんとつける。ズッキーニは牛乳に数分浸けてから水分をふき、小麦粉をまぶす。牛乳に浸けると揚げ色がつきやすく、におい消しにもなる。

3. **小麦粉＋卵液** ── まいたけ
小麦粉を薄くまぶし、溶き卵をつける。

4. **小麦粉＋卵液＋パン粉** ── なす
なすの両面に塩をふり、5～10分おいて水分とアクをしみ出させる。ペーパータオルで水分をふき取り、小麦粉、溶き卵、パン粉の順にまぶす。

【揚げる】

低温で時間をかけるもの→高温でさっと揚げるものの順に揚げる。また、小麦粉のころもは油のなかで散って汚れるので最後に。今回の材料では「かぼちゃ→なす→まいたけ→えび→いか→ズッキーニ」の順となる。

1. フライパンに揚げ油を入れて弱火にかけ、少し温まったらかぼちゃを入れる。途中で中火にし、泡がプクプクと上がる火加減を保つ（ d ）。途中で裏返しにし、全体に薄く揚げ色がついたら油から引き上げ、金網などにのせ、油をきる。

2. ほかの材料は、油の温度を少し上げて同様に揚げる。なす（ e ）、まいたけ（ f ）、えび（ g ）、いか（ h ）、ズッキーニ（ i ）。

3. 油から引き上げたら、そのつど熱いうちに塩をふる（ j ）。

水と調味料でさっぱりとゆでた肉が
この料理の醍醐味。

ボッリート・ミスト

ボッリート　ミスト
Bollito misto

ごった煮ではありません。ゆで肉料理です。

　料理名の意味は「ゆで肉の盛り合わせ」。野菜も入れますが、具というよりも風味づけ。何よりもゆでた肉が主役です。また、スープでも煮込み料理でもないので、盛り皿にはゆで汁を張らないのが流儀。**肉の種類や部位をいろいろ取り揃えるのが基本**で、さまざまな旨みの出たゆで汁で柔らかくゆで上げます。

　イタリアでは牛肉中心です。部位も肩肉、バラ肉、すね肉、もも肉、テール、タン、頭肉など。仔牛肉もよく使います。これらと、豚の肩バラ肉や鶏もも肉も含め、ゆでておいしい肉2～3種とソーセージを組み合わせれば充分でしょう。

　野菜は、風味をつけてくれる玉ねぎ、セロリ、にんじんを大きなかたまりで肉と一緒にゆで、セロリとにんじんは火が入れば取り出して付け合わせにします。今回はズッキーニとじゃがいもも使いました。香味野菜の役割のないものは火入れのタイミングがむずかしいので、肉と別にゆでたほうが失敗がありませんよ。

沸騰したゆで汁に肉を入れるのが大切。

　肉も野菜も、水からゆでると旨みがゆで汁によく出ておいしいスープができます。でも、肉はだしがらに近づきます。ボッリート・ミストは肉をおいしく食べることが目的の料理なので、これはNG。**必ず沸騰したゆで汁に肉を入れて煮る。**ここが大事です。あとは静かにゆでるだけですが、同じ肉、同じ部位でも脂身の量などによってゆで上がりのタイミングが違ってくるので、時間だけでは計れません。私たち料理人は指で押して弾力で判断しますが、慣れていなければ串を刺して確認し、透明な汁が出ればいいでしょう。ただし、何度も刺さないように。**ゆですぎてパサつかせないことだけを注意**してください。

材料 (2～3人分)
牛かたまり肉 (もも肉、すね肉、肩バラ肉など) …… 300g
豚肩バラかたまり肉 …… 270g
鶏もも肉 (骨付き) …… 1本 (340g)
ソーセージ …… 2～3本
ズッキーニ …… 2/3本
じゃがいも (メークイン。皮付き) …… 大1個
玉ねぎ …… 小1/2個
にんじん …… 小1本
セロリ …… 1本
ローリエ …… 1～2枚
クローヴ …… 5本
黒粒こしょう …… 8粒
塩 …… 適量
水 …… 約3ℓ
イタリアンパセリ …… 適量
粗塩、黒こしょう (粗びき)、**エクストラ・ヴァージン・オリーブ油** …… 各適量

クローヴはパウダーでもかまいません。その甘い香りがボッリート・ミストに欠かせないスパイスです。

ボッリート・ミストの作り方

1 香味野菜を切る。

玉ねぎは皮をむいてクローヴを刺す。にんじんは両端を切り落とし、セロリは葉付きの細い枝と株とに切り分ける。

クローヴを玉ねぎに刺しておくと、アクを取るときに邪魔になりません。

2 香味野菜と肉をゆで始める。

大鍋に水を入れて強火にかけ、沸騰させる。玉ねぎ、にんじん、セロリ、ローリエ、黒粒こしょう、肉3種を入れる。

水が完全にかぶるよう、足りなければ足してください。にんじんの切れ端や、セロリの葉付きの枝も入れます。

3 沸騰させてアクを取る。

再沸騰したら中火にし、浮いて固まったアクを取る。

アクはすべて取り除きます。後からも出てくるので、浮くたびに取ってください。

4 塩を入れてゆでる。

塩小さじ½を入れ、軽くポコポコと泡が上がる火加減でゆで続ける。

煮詰まって水分が少なくなると、いちばん上の材料は水面より上に出てくるので、乾かないよう、ときどき裏返します。

5 セロリとにんじんを取り出す。

塩を加えてから4分ほどで、柔らかくなったセロリを取り出し、バットなどに移す。にんじんはさらに5〜10分ゆでて柔らかくなったら取り出す。

玉ねぎとにんじんの切れ端、セロリの細い枝はだし材料として汁に残します。

6 肉を取り出す。

肉は鶏肉、豚肉、牛肉の順に取り出す。**4**で塩を加えてから鶏肉は約30分、豚肉は約1時間、牛肉はもも肉なら1時間強、すね肉や肩バラ肉なら2時間を目安に。

ゆで汁は蒸発するので、豚肉や牛肉を取り出す頃には½〜⅓まで減っています。

7 ゆで汁をこす。

ざるにペーパータオルをのせて、ゆで汁をこす。残った野菜(玉ねぎ、にんじんの切れ端とセロリの細い枝)はだし用なので食べない。

8 こしたゆで汁。

こしたゆで汁は、**11**で肉と野菜を温める際に使う。残った分はスープとして飲んでもよい。

スープにするときは、塩味が足りなければ塩を足し、濃ければ湯でのばして調整しましょう。ゆで汁は料理のブイヨンとしても使えます。

9 ソーセージをゆでる。

ソーセージを小鍋に入れて水を張り、強火にかける。沸騰して温まったら取り出す。

熱湯にいきなり入れると皮が破裂するので、水からゆでます。温まればOK。

10 ズッキーニとじゃがいもをゆでる。

ズッキーニは端を切り落とす。鍋に湯を沸かし、塩（水の0.5％）を加え、ズッキーニを柔らかくゆでる。じゃがいもは塩水（塩分濃度0.5％）から同様にゆで、皮をむく。

これらは香味野菜としての役割がないので、肉とは別にゆでます。

11 肉と野菜を温める。

5、6、10の肉と野菜を厚さ1cm強に切る。フライパンか大きな平鍋にこれらと9を並べ、8のゆで汁を200mlほどかける。蓋をして（アルミホイルでも可）、強火にかけて、沸騰したら中火にしてしばらく温める。具だけを器に盛り、イタリアンパセリをのせ、お好みで粗塩などをふる。

Chef's voice

ゆで汁には牛肉、豚肉、ソーセージ、野菜など、さまざまな旨みが出ているので、味をととのえてスープとしていただいても。

ボッリート・ミストの基本ソース3種

あっさりと食べるなら粗塩、粗びき黒こしょう、エクストラ・ヴァージン・オリーブ油をかけるだけでよいでしょう。以下の定番ソースはお好みで。

サルサ・ヴェルデ
salsa verde

「緑のソース」はイタリアの各地でいろいろなレシピがありますが、基本材料はパセリ、にんにく、酢、油。下のレシピは汎用性の高い配合で、ボッリートのほかに、ゆでたじゃがいもやたこなどにも合います。マヨネーズとゆで卵を混ぜればタルタルソース風になり、魚のフライにピッタリです。

材料（作りやすい分量）

パセリの葉 …… 3枝分
にんにく（薄皮をむいたもの） …… 5g
アンチョヴィのフィレ …… 10g
ケイパー（酢漬け） …… 15g
ピクルス（あれば） …… 小1本
パン粉（ドライ） …… 大さじ1
白ワインヴィネガー …… 大さじ1½
エクストラ・ヴァージン・オリーブ油 …… 200ml

作り方

1 材料をすべてミキサーに入れて撹拌する。

サルサ・ロッサ
salsa rossa

トマトケチャップのような甘酸っぱく辛みのきいた赤いソース。材料を煮てミキサーで回して粗いピューレにします。赤色がとばないよう冷ましてから撹拌してください。マヨネーズと合わせればサラダソースに。

材料（作りやすい分量）

玉ねぎ、にんじん（粗みじん切り） …… 各15g
パプリカ（赤。粗みじん切り） …… 15g
ホールトマト（缶詰） …… 150g
にんにく（薄皮をむいたもの） …… 2g
赤唐辛子 …… ½本
エクストラ・ヴァージン・オリーブ油 …… 大さじ1
白ワインヴィネガー …… 小さじ1
グラニュー糖 …… 大さじ½
塩 …… 適量

作り方

1 にんにくと赤唐辛子をエクストラ・ヴァージン・オリーブ油で炒める。薄く色づいたら取り出し、玉ねぎ、にんじん、パプリカを加えて炒める。

2 油が回ったらホールトマトを入れ、泡立て器でつぶしながら煮立てる。白ワインヴィネガー、グラニュー糖を入れて10分ほど煮込む。塩で味をととのえ、火を止める。

3 2を冷まして、ミキサーにかける。

ハニー・マスタードソース
salsa di api

イタリアでの名前は「ミツバチ（api）のソース」。はちみつにくるみのコクとマスタードの辛みを加えたおいしいソースです。マスタードの代わりに、和がらし少量を白ワインヴィネガー小さじ1で溶いたものでもよいです。辛みがツンときいて、こちらのほうが日本人好みでしょう。

材料（作りやすい分量）

はちみつ …… 80g
くるみ（薄皮付きでよい） …… 15g
フレンチマスタード …… 大さじ½
ボッリート・ミストのゆで汁 …… 大さじ1

作り方

1 湯を沸かし、くるみを入れて2〜3分ゆでる。ざるにあけて粗熱をとり、中心の厚い皮を爪楊枝などで除く（取らないとソースの色が悪くなり、硬さも残る）。

2 ミキサーに1、フレンチマスタード、ゆで汁を入れ、はちみつを少量ずつ入れながら撹拌する。ドロッと濃度がついてきたら、容器に取り出す。はちみつが残っていてもよい。

3 2に残りのはちみつを混ぜる。くるみの粒がザラッと残る粗い仕上がりでよい。

甘酸っぱい濃厚なトマト煮がベース。
炒め野菜を加えてさっと煮上げます。

なすのカポナータ
Caponata di melanzane

油っぽさを減らすには、なすの水分を抜くこと！

　カポナータはフランスのラタトゥイユとどう違うの？　とよく
いわれます。なす、ズッキーニ、パプリカ、トマトなどの夏野菜
を煮込むところは同じですが、決定的な違いは味つけです。カ
ポナータは**砂糖や酢を使って甘酸っぱくするのが特徴**です。日
本では上記の野菜に黒オリーブを加えたものがよく作られてい
ますが、今回紹介するのは、なす主体でグリーンオリーブ入り。
こちらのほうが歴史は古いです。

　この料理は夏の冷前菜で、"オイルでマリネした保存食"なの
で、盛りつけると周りに油がにじみ出ます。とはいえ、あまりに
油っぽいのはいただけません。とくになすは油をよく吸うので、
大量の油を吸わせない工夫をします。それは**あらかじめ塩をふ
り、余分な水分を出すこと**。ただこれだけですが、少量の油で火
が入り、油っぽい煮上がりにならないんです。イタリアのなすは
塩をふって30分ほどおきますが、日本のなすは5分で充分。ズ
ッキーニやパプリカを加えるときも同様に塩で水分を抜きます。

濃縮させたトマト煮の味が、カポナータならでは。

　今回のレシピのうち、玉ねぎとセロリは風味づけの材料なの
で、量は少しで、切り方も小さい。メインの具材はなすのみで、
食べるときのイメージよりひと回り大きく切ります。水分を抜い
たり、炒めたりするうちに小さくなっていきますからね。

　カポナータは、濃縮した甘酸っぱいトマト煮を作っておき、別
に具材の野菜を炒め、ふたつを合わせて軽く煮るのが基本の作
り方です。大昔はトマトペーストを使っていた料理で、その名残
でトマトの濃縮感を出すことも、ラタトゥイユにはない特徴です。
1日ねかせたほうが、味がなじんでよりおいしくなります。

材料（2人分）

なす …… 3本（225g）
塩（なすの下調理用）…… 4g
玉ねぎ …… 40g
セロリ …… 25g
松の実 …… 25g
ケイパー（酢漬け）…… 10g
グリーンオリーブ（塩水漬け。黒でもよい）
　…… 8個
レーズン …… 15g
ホールトマト（缶詰）…… 200g
白ワインヴィネガー …… 大さじ1
グラニュー糖 …… 小さじ1½〜2
ピュア・オリーブ油 …… 大さじ2
サラダ油 …… 大さじ1
塩、黒こしょう …… 各適量
パセリ（みじん切り）…… ひとつまみ

Chef's voice

「なすのカポナータ」はシチリア島
西部にある州都パレルモ一帯の料
理。一方、ズッキーニやパプリカを
加えた「野菜のカポナータ」はシチ
リア島東部の料理。料理に砂糖を
加えるのは、イタリア料理のなかで
もシチリアだけの特徴です。

なすのカポナータの作り方

1 レーズンをもどす。

レーズンは完全に浸かる量のぬるま湯（分量外）に10分ほど浸け、柔らかくもどす。

10分経ったら水分を絞っておきます。

2 なすを切って塩をふる。

なすを縦に4等分に切り、2～2.5cm幅に切る。分量の塩をふってざっくりと混ぜてからませ、5分ほどおく。玉ねぎは薄切り、セロリは7～8mm角、グリーンオリーブは厚めの輪切りにする。ホールトマトをボウルに入れて泡立て器でつぶす。

3 玉ねぎを炒める。

フライパン（または鍋）にピュア・オリーブ油と玉ねぎを入れて弱火にかける。玉ねぎがしんなりするまでゆっくり炒める。

玉ねぎの爽やかな甘みを出します。透き通ってくれば充分で、濃い焼き色をつけてはいけません。

4 松の実やオリーブを炒める。

3に松の実を入れ、弱めの中火にして1分ほど炒め、香ばしさを出す。ケイパーと2のオリーブを入れて30秒ほど炒め、続けて1のレーズンを加えて30秒ほど炒める。

5 トマト、調味料を入れて煮る。

2のホールトマトを加えて混ぜ、火を強めて沸かす。くつくつと1分ほど煮たら、白ワインヴィネガーとグラニュー糖を加えて混ぜる。1分ほど煮て火を止める。

グラニュー糖は好みで増減を。甘みが少し勝っているくらいがおいしいです。

6 なすの水分を取る。

2のなすから水分がにじんでいるのを確認し、ペーパータオルで包んで余分な水分を取る。

ふくのではありません。少量ずつペーパータオルで包んでやさしく握るようにします。

7 セロリとなすを炒める。

別のフライパンにサラダ油とセロリを入れ、中火にかけて炒める。油が回ったらなすを入れて炒める。

なすは焼き色がつき、火が通るまでしっかり炒めます。水分を抜いてあるので必要以上に油を吸いません。

8 トマト煮になすを入れて煮る。

7を5に入れ、ざっと混ぜて火にかけ、温まったら1分ほど煮る。黒こしょう、塩、パセリを入れて混ぜる。

トマトは煮詰めてありますし、なすにも火が入っているので、長くは煮ません。なじませるくらいで充分です。

Chef's voice

なす、ズッキーニ、パプリカの3種で作るなら、なすを半量の1½本にし、他の2種をその半量ずつ使います（つまり2：1：1）。いずれも切って塩をふって水分を出します。なすと他の2つとでは火の入る時間が異なるので、ズッキーニとパプリカをなすと別に炒め、作り方8で3種ともトマト煮に入れます。また、野菜の甘みをより生かすには、揚げると効果的です。

PART 4

食後にもお茶の時間にも
ドルチェ

おいしいイタリアンを食べたあとは、

やっぱりドルチェ（デザート）で締めたいですね！

コーヒーとともにしっかり甘いドルチェを食べると、

胃が落ち着きます。

ここでは日本にすっかり定着している

代表的なドルチェ4種をご紹介。

日持ちするものも多いので、ぜひ作ってみてください。

チーズにも卵にも火を入れない、レアチーズケーキ。
コーヒーの苦みが重要なアクセント。

ティラミス

Tiramisù
ティーラミスー

王道レシピは、黄身が多めの全卵で作ります。

　日本でもおなじみのティラミスは、マスカルポーネチーズを使った濃厚なクリームがベースのお菓子。その基本材料はチーズ、卵、砂糖ですが、卵に全卵を使う人、黄身しか使わない人、さらに卵黄を泡立てて甘口のマルサラワインを入れた「ザバイオーネクリーム」を使う人、ホイップクリームを加える人……とレシピはさまざまです。配合もいろいろですから、味も食感も多様で、どれがベストとはいえません。というわけで、ここでは黄身が多めの全卵で作る、王道のティラミスを紹介します。

卵もチーズもしっかり泡立てましょう。

　ティラミス作りは、**30分の仕込み時間のほとんどが泡立てる作業**といってもいいくらいです。卵白を泡立て、卵黄を泡立て、チーズを加えて泡立てる。ですから**ハンドミキサーは必須**です。卵白を泡立てて作るメレンゲは十分立て、卵黄やチーズもバタークリームのような粘りが出るくらいまでしっかり泡立てることがポイント。これがふんわりした食感を生み、濃厚で重くなりがちなチーズクリームを軽やかにしてくれます。

　また、中にはさむサヴォイアルディ(フィンガービスケット)とコーヒーも、アクセントのための重要な材料です。**普通に飲むコーヒーの濃さではパンチがないので、エスプレッソ級に、苦みの濃いもの**をサヴォイアルディにしみ込ませ、チーズクリームと層にしていきます。コーヒーにブランデーやコーヒーリキュールなどを小さじ1くらい入れても、風味が増しておいしいです。

　ティラミスは卵に火を入れないので、新鮮な卵を使ってください。冷凍保存すれば1週間は大丈夫です。食べる3〜4時間前に冷蔵庫へ移して、柔らかくもどしてからいただきます。

材料(作りやすい分量。約6人分)

◉マスカルポーネクリーム
- マスカルポーネ …… 250g
- グラニュー糖 …… 50g
- 卵黄 …… 2個
- 卵白 …… 1個分

サヴォイアルディ(幅3cmの太いもの)
　…… 12本
コーヒー(通常の2倍の濃さで、冷たいもの)
　…… 200ml
ココアパウダー …… 適量

マスカルポーネは、生クリームから作られる濃厚クリームチーズ。ここでは1パック(250g)を使いきるレシピにしています。

サヴォイアルディは、片面に砂糖をまぶした大型フィンガービスケットのこと。幅2cmほどの細いものを使う場合は、16本用意してください。代用するならスポンジケーキで。厚さ1.5cmにし、小さく切り分けずに容器の大きさに合わせた1枚のブロックで使いましょう。切り分けると、水分を吸収しすぎてベチョベチョになります。オーブンなどで少し焼いて水分をとばすと、ちょうどよい硬さになりますよ。

特に用意するもの

容器：20×10×深さ7cm(容量1.4ℓ)前後のもの。
ボウル：口径の狭い深めのものを使うと、ハンドミキサーを大きく動かす必要がなく、泡立てがラク。

ティラミスの作り方

1 メレンゲを作る。

卵白をハンドミキサーで泡立てる。筋ができるようになったらグラニュー糖の半量を加えて泡立て、十分立てにする。

> ハンドミキサーの先端を持ち上げたとき、メレンゲがあまりつかなくなってくれば十分立て。ツヤも出てきます。

2 卵黄と砂糖を泡立てる。

別のボウルに卵黄と残りのグラニュー糖を入れ、ハンドミキサーで泡立てる。

> 1と2は後で混ぜ合わせるので、メレンゲのついたハンドミキサーをそのまま使ってかまいません。

3 クリーム状になるまで混ぜる。

ベージュ色の、柔らかなクリーム状になるまでよく混ぜる。

> 泡立って、量が増えてきます。クリーム状になった生地に筋ができて、ボウルの底が見えてくれば混ぜ終わりです。

4 マスカルポーネを加える。

3にマスカルポーネを入れ、続けて攪拌する。

5 バタークリーム状に仕上げる。

バタークリームのようなねっとりした濃度が出るまで攪拌する。

> 混ぜ始めは柔らかなクリーム状ですが、バターをホイップしたときのような、ねっとりして盛り上がる硬さが出るまで攪拌します。

6 メレンゲの1/3量を混ぜる。

5に1の1/3量を加え、ゴムべらでしっかり混ぜ込む。

> ゴムべらに持ち替えます。卵黄の生地とメレンゲがきれいになじむよう、最初は練り混ぜるように合わせます。ここでは泡がつぶれてもかまいません。

7 残りのメレンゲを混ぜる。

残りのメレンゲを加え、切るようにさっくりと混ぜる。

> ここでは泡をつぶさないように。やさしく切るようにして2つの生地をなじませます。

8 容器に詰め始める。

容器の底に7のクリームを少量ぬる。

> 盛りつけのときに取り出しやすくするためのクリームです。ほんの少量をぬってください。

9 サヴォイアルディを湿らせる。

サヴォイアルディの両面をコーヒーに浸して湿らせる。

> 太いものは片面3秒ずつ、細いものは1秒ずつ。浸しすぎると表面がベチョベチョになるので手早く。コーヒーが冷えていないと溶けるので要注意です。

10 余分なコーヒーを落とす。

サヴォイアルディを縦にして、指で軽く押さえながら余分なコーヒーをたらす。

> コーヒーがしみ込みすぎると仕上がりの状態がグズグズになります。あとでクリームの水分もしみ込むので、ほどよく湿らせるのがいいんです。

11 クリームと層にして詰める。

10のサヴォイアルディを容器に詰める。1本ずつ湿らせては並べていく。半量を詰めたら、7のクリームの半量を重ねる。

> 2段にするので、まずはサヴォイアルディもクリームも半量ずつ詰めます。

12 2段目を詰める。

残り半量のサヴォイアルディを、9、10と同様にコーヒーで湿らせ、容器のクリームの上に並べる。

13 クリームでおおう。

残りのクリームで全体をおおい、表面を平らにならす。

14 冷蔵庫で冷やし固める。

ラップをかぶせるか蓋をして、冷蔵庫で2～3時間冷やして固める。

> 冷凍庫で30分ほど固めてから冷蔵庫へ移す方法でもいいでしょう。より短時間で生地が落ち着きます。

15 皿に盛る。

人数分に切り分け、皿に盛る。

> 切り目を入れてから、大きなスプーンなどですくい出します。真四角にはなりませんが、少しくずれた盛りつけがティラミスらしさでもあります。

16 ココアパウダーをふる。

ココアパウダーを茶こしでこしながらふる。

> ココアは食べる直前にふるように。固めた容器に直接ふって時間をおくと、ココアパウダーが水分を吸ってべたついてしまいます。

Chef's voice

サヴォイアルディはコーヒーが充分にしみていないとおいしくありません。ただ、しみ込みすぎてもクリームに茶色い液体がにじみ出て汚れた感じになるし、食感もグズグズしておいしさが半減します。写真のように、周りだけにしみて、中心はまだ乾いているのがちょうどよい湿り具合。細い製品はしみ込みが早くくずれやすいですから、コーヒーを少量流した皿に並べ、上からもコーヒーをたらすと形がくずれにくいでしょう。

料理の口直しに、暑い日のおやつに。
ザラッとしてスッと溶ける氷が爽快！

レモンのグラニータ
コーヒーのグラニータ

Granita al limone
Granita al caffè

グラニータとは、粗い粒の氷菓子のこと。

グラニータはイタリア南部、シチリア島生まれの氷菓子。フルーツやコーヒーなどで風味をつけたシロップを"粗い氷の粒"状に凍らせるので、見た目はザクザクッとしています。しかし、舌にのせると、**最初はザラッとして、次の瞬間にはもうスッと溶けている。この爽快感がグラニータの身上**です。

同じ氷菓でも、シャーベット（イタリア語ではソルベット）が糖度の高いシロップを充分に攪拌して、ねっとりなめらかに仕上げるのに対し、グラニータは糖度の低いシロップでザクザクの食感にするのが大きな違い。語源の「グラーノ」とは「粒」のことなので、氷の粒ができていないといけません。そのためには、**シロップを"煮詰めすぎない、混ぜすぎないこと"**が重要です。

シャーベットのようになめらかにしないように！

シロップの煮詰め時間は、今回ご紹介した分量なら、5分を守りましょう。火加減はごく弱火。発泡性ワインをグラスに注ぐと小さな気泡がプクプクプクプクと上がり続けますが、それくらいの泡が浮く状態です。火が強かったり、時間が長すぎたりすると、凍る水の量が減ってなめらかなシャーベット状になり、グラニータではなくなります。また、砕く際にグルグル練ったり、時間や回数が多すぎたりしてもシャーベット化するので要注意！砕くときは、**液体が残っている1回目はフォーク、しっかり固まる2回目以降はスプーン**と使い分けると均一に混ぜやすいです。イタリアで人気ベスト2の、レモンとコーヒーの味をご紹介しましょう。

材料（作りやすい分量。各約4人分）

◉**レモンのグラニータ**
- **レモン** …… **2個**（200g）

  ½個分の皮、2個分の果汁（約70㎖）を使います。

- **水** …… **200㎖**
- **グラニュー糖** …… **80g**
- **ミントの葉** …… **適量**

◉**コーヒーのグラニータ**
- **コーヒー**（通常の2倍の濃さ） …… **100㎖**
- **水** …… **200㎖**
- **グラニュー糖** …… **60g**

- ◉**ホイップクリーム**
  - **生クリーム**（乳脂肪分35%） …… **適量**
  - **グラニュー糖**
    …… **生クリームの重量の10%**

特に用意するもの

底面積の広い、容量700〜800㎖の蓋付き容器を準備。凍らせたものを砕いていくうちに容量が増えるので、最初のシロップの2.5倍ほどの容量の容器が必要です。また短時間で凍るように、平たい容器を使いましょう。

レモンのグラニータの作り方

1 レモンの皮をむく。
レモンは½個分の皮をごく薄くむく。

皮の内側の白いワタがついていると苦みが出るので、ごく薄くむいてください。もしついても、ナイフで削ぎ取れば大丈夫です。

2 果汁を搾る。
果汁は2個分をすべて搾る。茶こしでこして種や果肉の薄膜を取り除く。

3 シロップを作り始める。
鍋に**1**、水、グラニュー糖を入れ、弱火にかける。混ぜながらグラニュー糖を溶かす。

4 5分煮詰める。
微発泡が浮いてくる火加減を保ち、5分煮詰める。

ここで煮詰めすぎないように。糖度が高くなり、仕上がりがねっとりしたシャーベット状になってしまいます。

5 こして冷ます。
茶こしでこしてレモンの皮を除き、常温において粗熱をとる。

シロップが熱いところにレモン汁を混ぜると、せっかくの香りがとんでしまいます。必ず粗熱をとって**6**の工程へ。

6 レモン汁を加える。
5を泡立て器で混ぜながら、**2**のレモン汁を加える。

"シロップを泡立てる"イメージで、しっかりかき混ぜながらレモン汁を合わせます。気分的なものですが、グラニータのザラザラ感がより増す気がします。

7 容器に流す。
容器に流し入れ、蓋をして冷凍庫へ入れる。

容器が斜めになると均一に固まりません。冷凍室の引き出しなどに平らに置くのがベストですが、何かの上にのせるなら傾かないように注意。

8 冷凍庫で2時間凍らせる。
2時間ほど凍らせる。表面に薄く氷が張り、中心はまだ液体だが側面が固まり始める。

1時間半だと中心にかなり液体が残っていますが、そのくらいから砕き始めてもかまいません。

9 粗く砕く。まず、1回目。
フォークで周囲の氷のかたまりを砕き、まだ固まっていない中心部と混ぜて、全体を均一にする。平らにならして蓋をして冷凍庫へ。

最初はフォークで砕き、氷のかたまりを上から押さえてつぶします。

10 40分凍らせる。

2回目以降は40分間隔で凍らせては砕いていく。次第に中心部も固まってくる。

> これ以降は、凍らせる時間が長いと凍りすぎて細かく砕けなくなるので、40分間隔をくり返しましょう。

11 粗く砕く。これが2回目。

スプーンでかたまりを崩して氷の粒を小さくし、すくいながら混ぜて均一にする。平らにならして蓋をして、冷凍庫へ。

> 長く砕いていると溶けてきます。1分以内で手早く！

12 40分凍らせる。

細かい氷の粒のままで凍り、表面がキラキラしてくる。

> 時間をおきすぎて固くなってしまったら、スプーンでこするように削り取ります。かき氷のようなサラサラしたグラニータになります。

13 粗く砕く。3回目。

スプーンでかたまりを崩して氷の粒をさらに小さくし、すくいながら混ぜて均一にする。平らにならして蓋をして、冷凍庫へ。

14 40分凍らせる。

氷の粒がより小さくなって、グラニータらしさが出てくる。

15 4回目、粗く砕いてでき上がり。

スプーンでかたまりを崩して氷の粒を小さくし、均一になるようにすくいながら混ぜる。グラスに盛ってミントを飾る。

> かさは倍以上に増えています。ここまでくればもう食べられます。保存するときは、表面を平らにして冷凍庫へ。

> コーヒーのグラニータの作り方

1 鍋にコーヒー、水、グラニュー糖を入れ、弱火にかける。泡立て器で混ぜながらグラニュー糖を溶かす。微発泡が浮いてくる火加減を保ち、約5分煮詰める。

> コーヒーを濃いめに、グラニュー糖を抑え気味にした配合で、コーヒーの苦みを生かしています。

2 「レモンのグラニータ」の**7**〜**15**と同様に作る。

> レモン味もコーヒー味も冷凍品なので日持ちしますが、冷凍庫から出し入れする間に溶けたものが再冷凍され、粒が大きくなったり風味がとんだりします。早めに食べきりましょう。

3 生クリームにグラニュー糖を加え、八分立てのホイップクリームを作る。器に盛ったグラニータの上に絞る。

材料（2〜3人分）

生クリーム（乳脂肪分35％）
　　……200ml
牛乳 …… 100ml
グラニュー糖 …… 30g
洋酒（ブランデーなど）
　　…… 小さじ1〜2
板ゼラチン …… 3g

◇ソース
├ ブルーベリー（生、または冷凍）
│　　…… 60g
│ ブルーベリージャム …… 20g
│ レモン汁 …… 大さじ1
│ 洋酒（ブランデーなど） …… 小さじ2
└ 湯 …… 大さじ1
ミント …… 適量

> 洋酒は乳製品の生臭みを消し、香りを高めてくれるので必須。オレンジリキュール（コワントロー、グランマルニエなど）、アマレット（杏仁のリキュール）、ラム、カルヴァドス、キルシュなどなんでもOK。バニラエッセンス2滴やバニラビーンズ1/2本でもかまいません。

ゼラチンを感じさせない柔らかさを目指して。

パンナコッタ

Panna cotta

「火を入れた（＝コッタ）生クリーム（＝パンナ）」という名前のとおり、本来は生クリームだけで作るデザート。イタリアの生クリームは乳脂肪分が日本よりも低く、30％前後だからおいしく作れるんですが、35〜47％もある日本の製品ではくどすぎます。そこで、**35％前後の生クリームを牛乳と2：1の比率で混ぜて、ちょうどよい濃さにします。**

　パンナコッタはトロンとした柔らかさが醍醐味なので、ゼラチンはできるだけ少なく。型抜きするならゼラチンを多くして硬さを出さないといけませんから、ご家庭では柔らかく作って、器で固めたまま食べるのが断然おすすめです。ポイントは温度管理。とくに**「生地をよく冷やしてから器に注ぐ」ことが見落とされがちです。**とろみがつくまで冷やしてゼラチンを安定させておかないと、中心部が固まりにくく、均一になめらかになりません。

1 板ゼラチンをもどす。

たっぷりの氷水（分量外）に板ゼラチンを浸けてもどす。10〜15分ほどでもどる。

> ゼラチンを柔らかくもどすだけでなく、材料由来の豚の臭みを取るための作業。常温ではゼラチンが溶けやすいので、必ず氷入りの冷水で。

2 生クリームと牛乳を温める。

鍋に生クリーム、牛乳、グラニュー糖、洋酒を入れ、弱火にかける。木べらでゆっくり混ぜて、80〜90℃まで温める。

> 火が強いと焦げつきやすく一気に吹きこぼれるので、弱火で絶えず混ぜ続けて。湯気が出始めれば、80℃前後です。

3 ゼラチンを混ぜる。

2を火からはずし、1の板ゼラチンの水分をよくきってから加える。木べらで混ぜて溶かす。

4 こして氷水をあてる。

3を茶こしでこし、ボウルに入れる。氷水を入れたひとまわり大きいボウルを当てる。

> ボウルは熱伝導のよいステンレス製がベター。口径が広く浅いほど混ぜやすく、早く冷めます。氷水はすぐに溶けて生温かくなるので、一度取り替えます。

5 混ぜながら冷やす。

ゴムべらでボウルの底をかくようにゆっくり混ぜ続けて冷やす。

> とろみが出るまで約15分、ここでしっかり冷やすこと！　混ぜながら冷やすことでゼラチンの成分が均等に広がり、きれいに固まります。

6 気泡が出たら混ぜ終わり。

ほんのりとろみがついてくると同時に、小さな気泡がときどきポツッ、ポツッと浮いてくる。これが混ぜ終わりのサイン。

> 冷えて固まりつつある濃度のついた生地と、ゆるい生地が混ざり合うときに気泡が生まれます。とろみがついた証。

7 器に注いで冷やし固める。

器に注ぎ、ラップをかぶせて冷蔵庫で冷やし固める。2時間あれば固まる。

> 冷やし固めた後、器を傾けると中心部がトローンと動きますが、充分固まっています。ボウルのなかでよく冷やしておくほど、早く固まります。

8 ソースを作る。

鍋にソースの材料を入れ、ごく弱火にかける。ゴムべらで混ぜながら、煮汁が少しとろりとするまで数分煮る。常温で粗熱をとり、冷蔵庫で冷やす。7が固まったらソースをのせ、ミントを添える。

Chef's voice

ソースを煮るときは焦げつきやすいので、ごく弱火で鍋底や鍋肌からはがすように混ぜ続けます。冷めれば固まるので、少々ゆるくても火を止めて大丈夫です。ジャムは一緒に煮るフルーツと同じ種類がよいですが、ラズベリーのように風味の強いものはダブルで使うとくどくなるので、アプリコットジャムがおすすめ。

見た目も、味も、食感も素朴な焼き菓子。
飾り気のなさがイタリアの味です。

ビスコッティ
Biscotti di Prato

カリカリの硬さが身上です。

　ビスコッティとは英語のビスケットのこと。ご紹介したのは、トスカーナ州の小さな町、プラートのビスコッティで、「カントゥッチ」とも呼ばれます。この地方菓子のひとつにすぎなかったものが全土に広まり、今では日本でもよくその名が知られる焼き菓子になりました。

　そのままかじってもいいのですが、かなり硬いですよ。伝統的にはトスカーナ州特産の甘口デザートワイン「ヴィンサント」にちょっとずつ浸して、柔らかくしながら食べます。ワインの味や香りがしみて、素朴な焼き菓子もちょっと高貴な味わいに。アルコールが苦手な方やお子さんは、カフェラッテや紅茶に浸すのもいいでしょう。

生地はこねずにまとめるだけ。

　ビスコッティのbisは「二度」、cottiは「焼いた」の意味。その名前のとおり、二度焼きします。まずかたまりで焼いて、薄く切ってもう一度焼く。その目的は水分をとばすことに尽きます。とにかくイタリアでいちばん硬いビスケット。焼き上がった直後は若干ソフト感が残っていますが、冷めればしっかりカリカリに硬くなります。

　生地作りは材料を一度に合わせてざっくりまとめるだけ。パスタやパンのようにこねません。時間がかからず、むずかしい技術も必要ないので、気軽に作れますよ。生地にはホールのアーモンドを入れますが、スライスやダイスカットのアーモンドでもかまいません。生地に混ぜて二度も焼くので、あらかじめローストする必要もなく、生のまま入れて大丈夫です。お好みでバニラエッセンスやブランデー、リキュールなどの香りのものを入れてもいいですね。

材料（作りやすい分量。約40個分）

小麦粉（薄力粉）…… 200g
ベーキングパウダー …… 2g
溶き卵 …… 1½個分
グラニュー糖 …… 120g
塩 …… ひとつまみ
アーモンド（ホール）…… 50g
小麦粉（打ち粉用。薄力粉）…… 適量

準備

◎ 天板にサラダ油を薄くぬり、オーブンペーパーを敷く。
◎ オーブンを180℃に予熱する。

ビスコッティの作り方

1 卵とグラニュー糖を混ぜる。

ボウルに溶き卵を入れて泡立て器でほぐし、グラニュー糖、塩を入れて混ぜる。

> グラニュー糖が完全に溶けていなくても、トローンとした濃度が出て、卵とよく混ざり合っていれば大丈夫です。

2 木べらで小麦粉を混ぜる。

小麦粉とベーキングパウダーを合わせておき、3回に分けて**1**の卵液に加える。そのつど木べらでよく混ぜる。

> ゴムべらは柔らかくてしなるので、混ぜにくいです。粉はふるいにかけなくてもでき上がりに影響しません。

3 生地を手でまとめる。

小麦粉がざっくりと混ざったら、ボウルにくっついた生地をスケッパーではがす。手のひらでつかみながらひとかたまりにする。

> 柔らかいパスタのような生地です。こねる必要はありません。まとめるのみ。

4 アーモンドを混ぜる。

粉気がなくなったら、アーモンドを加えて混ぜ込む。

> 混ざりにくいので、生地にアーモンドを押し込むようにして、内側に混ぜ込んでいきます。均等に散らし、外側からはアーモンドが見えないように。

5 転がして棒状に整える。

台に取り出し、2～4等分にする。打ち粉をし、転がして直径3cmほどの棒状にする。

> 生地は天板が大きければ2等分でよいですが、小さめなら3～4等分に。打ち粉はふりすぎないよう、最小限の量で。

6 天板に並べて平らにする。

5の生地を準備した天板にのせ、指で押さえて少し平らにする。

7 1回目は180℃で焼く。

予熱した180℃のオーブンで約20分焼く。

> なまこ形に焼き上がります。表面に薄く焼き色がつきますが、押さえるとまだ柔らかい。それで大丈夫です。

8 切り分ける。

生地をまな板にのせ、幅1.5cmの斜め切りにする。

> 生地は天板ごと取り出し、オーブンは熱が逃げないよう扉を閉めておいてください。生地は熱いうちに手早く切ります。

9 160℃で二度焼きする。

切り口を上下にして天板に並べ、再びオーブンへ。160℃で20分ほど焼く。粗熱をとってから、密閉容器で保管する。

> 水分をとばすのが目的なので、焼き色は薄くても大丈夫。焼き上がりは押すと少し柔らかいですが、冷めれば硬くなります。

イタリアのコーヒーばなし

　イタリア料理の食後に、コーヒーは欠かせません。苦みの濃い少量のエスプレッソをクイッとひと飲み。これがイタリア式の食後の一杯です。苦みが消化を促し、胃をすっきりさせてくれます。

　日本人はマイルド好みで、牛乳の入ったカフェラッテやカプチーノが大好きですから、食後にこれらのコーヒーを希望されるかたが多いですね。でも、ほとんどのイタリア人は食後にその手のコーヒーを飲みません。牛乳が大量に入っていると胃がもたれるからです。食事前も同じ。牛乳入りを飲むのは朝食か、食事に影響を与えないおやつの時間帯ですね。

　日本のレストランでは、日本人の好みに合わせていろいろなコーヒーを出す店が多いですが、イタリアの食文化を貫き、エスプレッソに限っているところもあります。かくいう私の店も、エスプレッソオンリーです。

　牛乳はNGでも、砂糖をたっぷり入れるのがイタリア人。25mℓ程度のコーヒーの液体にコーヒースプーンで2杯半が標準ですから、相当甘いです。でも、甘みが加わるから、苦みがおいしさに変わるんですよ。

　それから、イタリア人はエスプレッソをたくさん飲みたいときでも、ダブルの量で注文することはほとんどありません。「カッフェ・ドッピオ（ダブルのコーヒー）」という言葉もありますが、ドッピオで注文するのはカッコ悪い、という気持ちがあるんです。1杯飲んで、足りなければまた1杯注文する。それがイタリア人の「粋」なんだそうで、家庭でいれるときも1杯分ずついれるのが普通です。

　なお、イタリアではエスプレッソコーヒーのことを本来の名称の「カッフェ・エスプレッソ」とも、略して「エスプレッソ」とも言いません。「カッフェ」のみ。イタリア人にとって、カッフェ（コーヒー）といえばエスプレッソなんです。

吉川敏明（よしかわ・としあき）

1946年、東京生まれ。1965年、19歳でイタリアへ渡り、ローマのホテル学校「エナルク」で学ぶ。卒業後、ローマのレストランなどで勤務。帰国後、都内のレストランなどで料理長を務めたあと、77年、西麻布に「カピトリーノ」をオープン。本場そのもののイタリア料理が食べられると、人気を博す。2008年に店を閉め、2009年、経堂に移転、"ローマ風ワイン居酒屋"として「エル・カンピドイオ」をオープンした。今でもイタリアの料理文献や現地の新聞、雑誌を読むなど、豊富な知識を持ち、著書も多数。師と仰ぐイタリア料理人も多い。

「エル・カンピドイオ」 東京都世田谷区桜丘1-17-11　電話／03-3420-7432

撮影　■　日置武晴
デザイン　■　河内沙耶花（mogmog Inc.）
取材・構成　■　河合寛子
スタイリング　■　岡田万喜代
校正　■　株式会社円水社
編集　■　原田敬子

一流シェフのお料理レッスン
「エル・カンピドイオ」吉川敏明のおいしい理由。
イタリアンのきほん、完全レシピ

［食材協力］
モンテ物産株式会社
株式会社フードファッション
日欧商事株式会社

発行日　2016年6月25日　初版第1刷発行

著者　吉川敏明
発行者　小穴康二
発行　株式会社世界文化社
　　　〒102-8187 東京都千代田区九段北4-2-29
　　　電話　03-3262-6483（編集部）
　　　　　　03-3262-5115（販売部）
印刷・製本　共同印刷株式会社
DTP製作　株式会社明昌堂

©Toshiaki Yoshikawa, 2016. Printed in Japan
ISBN 978-4-418-16325-0

無断転載・複写を禁じます。定価はカバーに表示してあります。
落丁・乱丁のある場合はお取り替えいたします。